치아꽃으로 피○○○○ ○○○니처

아이디어
정면승부

아이디어 정면승부

초판 발행 | 2021년 4월 30일
2쇄 발행 | 2021년 5월 15일

지은이 | 이경희
펴낸이 | 김채민
펴낸곳 | 힘찬북스

출판등록 | 제410-2017-000143호
주소 | 서울특별시 마포구 망원로 94, 301호
전화 | 02-2272-2554
팩스 | 02-2272-2555
이메일 | hcbooks17@naver.com
ISBN 979-11-90227-13-1 03190

값 15,000원

아이디어
정면승부

이경희 지음

HCbooks

추천사

공간이 그를 만나는 순간 환상적 증강현실이 된다. 순식간에 뼈대가 세워지고 실재가 된다. 그는 공간을 모두의 '그곳'화 시킨다. 체험적 혜안은 이미 타자의 생각 너머에 존재한다. 상황을 꿰뚫는 섬세함은 상대에게 위안이 된다. 경이로운 상상력은 레오나르도 다빈치를 닮았다.

_ 포토테라피스트 백승휴

그녀는 만재다. 천재 위의 만재. 타고난 능력이 아니라, 오랜 시간 쌓아 올린 천재.

'경희 is 뭔들'이라는 별명처럼 모든 일을 척척 해내니 언뜻 만 가지 재주를 가진 존재라고 해석할 수도 있으나, 그녀를 오래 만나본 사람들은 다 안다. 얼마나 오랫동안 자신의 분야에서 특별한 생각과 관점으로 집중해 왔는지를. 그런 그녀를 만나면 3번 놀란다. 그녀의 재주에 놀라고, 통찰에 놀라고 그럼에도 겸손한 성품에 한 번 더 놀란다. 아이디어 정면승부는 그런 그녀가 25년간 쌓아 올린 성장의 조각들이다. 이 책을 한번 읽으면 그녀의 아이디어에 놀랄 것이고, 두 번 읽으면 일을 대하는 그녀의 태도에 반하게 될 것이다.

_ 사이책방 대표 변대원

100만 원의 도구로 1만 원의 가치를 못 내는 사람이 있고, 1만 원의 도구로 100만 원 이상의 가치를 만들어내는 사람이 있다. 당신은 어떤 존재인가? 당신이 품고 있는 가치는 지금 이 시대를 주도하고 있는가? 아니면 이 시대에 압도당하고 있는가?

시대를 주도하고 싶다면 이경희 대표의 『아이디어 정면승부』를 읽어라. 그녀의 아이디어를 만나면 시대를 이끌 수 있는 최고의 가치를 품게 될 것이다. 더 나아가 지금 당신이 품고 있는 가치의 100배 이상의 성과를 얻을 것이다.

이 책을 통해 당신이 원하고자 하는 100배 이상의 성과를 만들어내는 진짜 아이디어를 만나라. 그리고 그 아이디어로 승부하라!

- 기성준 『글쓰기부터 바꿔라』, 『스마트폰 다이어트』 저자

이론에 능한 사람은 많다. 그녀는 현장 사람이다.

이론이 실제가 되는 현장을 보여주는 틀림없는 사람이다. 만일 당신이 아이디어가 목말라 기획서를 뒤적이고 있다면 이 책에서 실질적인 인사이트를 얻길 바란다. 이타적인 마인드가 장착된 따뜻한 기획자 이경희의 책 출간을 응원한다.

_라임코칭연구소 전혜림 대표

공간을 다루는 사람은 공간감이 중요하다. 작은 사이즈에서부터 자기 생각을 채워 넣을 때는 스케일감이 중요하다. 이것은 노력도 중요하지만 타고나야 한다. 이경희는 본인의 생각을 어떤 공간에든 채울 수 있는 탁월한 공간지각능력이 있다.

또 생각이 실천을, 실천이 생각을 따르지 못하는 경우가 많다. 생각과 실천이 시너지를 낼 수 있다면 기획자로서 큰 장점을 가진 것이다. 물처럼 샘솟고, 거침없이 돌진하는 추진력을 이경희는 가지고 있다.

공간감과 순발력이 수많은 프로젝트를 거치며 더욱 다듬어지고 개선되어서 이제는 어느 프로젝트라도 정면승부하여 확실한 차이를 만들어내는 믿을만한 최고의 공간 기획자다.

_ SYP 신윤표 대표/전 전시디자인협회 회장

생각은 잡스처럼, 태도는 유재석처럼

혁신의 아이콘 스티브 잡스와 겸손의 아이콘 유재석이 만난다면? 최상의 콜라보가 아닐 수 없다. 4차 산업혁명 시대가 도래했고 3차 산업혁명 시대의 마무리 방점을 스마트폰이 찍었다면 스티브 잡스 역시 3차 산업혁명 시대의 마지막 커튼을 닫은 주연 배우라 할 수 있다.

하지만, 그의 영광이 커튼 뒤에 감춰진 것 같지만 여전히 지금도 스티브 잡스의 혁신은 빛이 바래지 않았다. 급부상하고 있는 AI 인공지능도 혁신의 아이콘 안에선 아직은 잡스만큼의 개가를 이루지 못했기에, 스티브 잡스는 여전히 이 시대의 롤모델이 되기에 충분하다.

유재석은 어떤가. 혹여나 갑자기 변질되어 내 글이 민망하게 될 수도 있겠지만 그럴 확률이 높지 않음을 전제하고 국민 MC 유재석의 태도를 주목해 본다.

나는 잡스의 창의력과 유재석의 태도(이후로 인성이라 표현하겠다)면 못 이룰 게 없다는 이론으로 논문이라도 써야 할 만큼 두 인물을 아끼고 인정한다. 실력만큼 중요한 것이 인성이기에 인성을 뺀 실력은 논할 가치도 없다.

두 사람의 창의와 인성에 비할 바는 못되지만 그간 살아온 내 인생도 창의와 인성을 빼고는 말할 수 없기에 이 책에서만큼은 이 두 사람이 가진 가치에 대해 강조하지 않을 수 없다.

사람들을 만나면 던지는 화두가 하나 있다. 똑똑하고 일 잘하는 친구와 실력은 좀 덜하지만 인성 좋은 친구가 있다면 누굴 채용하겠느냐는 질문 말이다. 간혹 싸가지가 좀 없어도 일 잘하는 놈이 최고지 하는 대표님도 계시다. 이렇게 각자의 생각을 나누다 보면 어렴풋이나마 직원에 대한 대표의 가치관을 읽을 수 있다.

나는 지체없이 후자를 선택한다. 둘 다 겸비하면 좋겠지만 이 상황에서 선택해야 한다면 나는 실력은 좀 덜해도 인성 좋은 친구를 택하고 그가 실력을 갖추도록 돕는 것이 더 가치로운 일이라고 주장하는 쪽이다. 주변 대표들의 마인드를 알고 싶은 일종의 이경희 표 화두인 셈이다.

밀레니얼 세대에게는 태어나면서부터 많은 것이 갖추어져 있다. 덕분에 똑똑하고 실력 있는 친구들이 부지기수다. 그렇기에 더욱 인성이 중요한 시대다. 분야를 막론하고 오래도록 롱런하는 사람은 대부분 실력과 인성을 균형 있게 갖춘 사람이다. 앞에서 거론한 잡스나 유재석 모두 실력과 인성을 두루 갖추었다. 그러나 나는 이 두 사람의 더 큰 장점만을 강조하고 싶은 마음에 소환했음을 굳이 밝힌다.

내가 지금껏 파트너사에게 인정받고 관계를 지속할 수 있었던 비밀은 바로 이것이다. 나는 혁신적인 기획으로 큰 성과와 더불어 칭찬을 들을 때마다 칭찬은 직원과 나의 협력사에게 공을 돌림으로써 겸손을 잃지 않으려 애썼고, 더불어 나를 파트너 삼아 주고 아낌없이 신뢰해 준 고객의 안목을 되려 칭찬해 드렸다.

그동안의 포트폴리오를 들여다보면 단지 실력만으로 '와우' 하게 만든 것은 아니다. 오히려 클라이언트를 위해 돈으로 환산할 수 없는 가치를 제공했을 때 진짜 '와우!'가 쏟아졌다. 일시적인 관계 맺음이 아닌 수년에 걸친 지속 관계 속에서 고객에 대한 헌신을 맛본 이들은 한결같이 내게 도움을 요청해왔다. 지금의 고객을 보면 나를 증명할 수 있다.

인성을 강조해 온 내 삶의 가치관에 따라 '생각은 잡스처럼, 태도는 유재석처럼'을 슬로건으로 하는 '지니의 창의+인성 스쿨'을 오픈할 예정이다. 나의 아이디어 발상을 비롯해 수많은 포트폴리오는 그저 실력으로 이룬 성공적인 프로젝트를 떠나 고객의 입장에서 고객의 고객까지 배려한 사람 중심의 마인드가 베이스에 깔려 있었기에 가능했다.

모든 상대에게 실력으로만 대하지 말고 진심을 다하길 바라는 바람이 담긴 이 책을 통해 AI가 흉내 낼 수 없는 창의적인 인재를 양성하는 데 기여할 수 있기를 소망해본다

CONTENTS

PART. 1

아이디어를 위한 계획은 책임이다
Mind-set

아이디어 정면승부

01. 노멀을 스페셜로 바꾸는 생각

기차가 레일 위를 달리는 건 당연한 이야기다.
당연한 이야기란 아이디어 관점에서 보면 그냥 뻔하다는 말이다.

시간을 거슬러 올라가 보자. 은하철도 999는 하늘을 달렸다. 더구나 80년대에 말이다. 주말 아침마다 열광하며 만화영화 은하철도 999 앞을 지켰다. 엄마 잃은 불쌍한 철이나 아름다운 메테르를 보는 재미도 재미지만 사실 그 시절에 기차가 하늘을, 아니 우주를 여행하는 이야기라니 시대를 앞선 상상력이지 않은가.

특별하고 싶다면 뻔한 것을 버려야 한다. 우리 주변에 존재하는 뻔한 것들을 하나씩 뒤집어 본다면 어떨까? 당연한 것이 당연하지 않은 곳에 놓일 때 비로소 특별해지는 경험을 한다.

가수 고 김광석의 두 바퀴로 가는 자동차, 네 바퀴로 가는 자전거, 물속으로 나는 비행기, 하늘을 나는 돛단배… 이 가사라도 홍

얼거리면 뇌가 열리려나. 여하튼 상상해야만 이룰 수 있고, 상상하지 않은 것은 세상에 존재하지 않는다. 무엇이든 누군가가 상상했기 때문에 존재하는 것이다. 매일 한가지씩 뻔한 것을 뒤집는 훈련을 한다면 우리 뇌는 분명 더 젊어질 것이다.

나는 꽃박람회를 위한 제안 P.T(프레젠테이션)가 있는 날엔 어김없이 꽃무늬 재킷을 입었다. 말하지 않아도 제안에 맞춰 연출한 나의 복장은 한방에 각인 될 수밖에 없었다.

꽃박람회에 임하는 나만의 마음가짐으로 갖춰 입은 꽃무늬 재킷은 뻔할 것 같지만, 나 외에 아무도 꽃무늬를 입고 나타난 사람은 없었다. 이런 연출을 기획하는 것조차 노멀을 스페셜로 바꾸는 발상이다.

단지 튀는 것과 스페셜한 것은 다르다. 스페셜한 무언가에는 감성, 감동의 아우라가 있다. 튀는 것은 곧 질리지만 스페셜함에는 호기심과 기대감이 있다.

지금에서야 고백하지만 다른 누군가 꽃무늬 재킷을 입고 온 팀이 하나라도 있었다면 나는 특별하지 못했을 거다. 고객을 처음 만나는 순간은 내가 곧 상품이자 회사의 얼굴이다. 그래서 첫 만남에도 고객과 연관된 컬러 또는 이미지를 갖추는 게 나의 작은 팁이기도 하다.

아이디어 정면승부

버려지던 페인트 붓으로 삼화페인트를 상징하는 작품을 만들었다. 덕분에 다시는 버려지지 않을 작품으로 살아남아 본사에 걸리는 영광을 누리고 있다. 휴지심을 모아 신세계그룹의 엠블럼을 만들었고, 커피 찌꺼기를 모아 샌드아트로 스타벅스의 세이렌 로고를 만들었다.

폐 붓, 쓰고 난 휴지심, 커피 찌꺼기는 너무도 흔하고 뻔한 소재였지만 어디에 어떻게 쓰이냐에 따라 가치가 달라진다. 소재를 통한 도전으로 친환경적인 기업의 가치관이 스페셜하게 느껴지도록 기획했던 작업이었다.

트랜드를 가장 먼저 반영한 도시들을 보면 그 많던 텍스트는 사라지고 심플한 아이콘 그래픽들이 자리 잡고 있다. 우리의 눈은 간사해서 복잡하고 뻔한 정보에 금방 질려버리고 더 이상 눈길을 주지 않는다. 그만큼 우리 신체 중 눈의 피로도가 높기 때문이기도 한데 덕분에 우리 주변을 감싼 시각적인 요소들이 가장 먼저 진화하는 이유이기도 하다.

사물을 뒤집어 보는 시각을 갖기 시작하면 주변의 어느 것 하나도 노멀한 게 없다. 자신의 주변이 특별해지면 의욕이 생기고 생기있는 삶으로 긍정적인 삶으로 변화한다.

순수예술을 제외한 디자인은, 기획은, 어두운 마음에서 할 수 없는 유일한 종합예술이다. 고객이 존재하고 비용을 지불하는 한 어두운 감정으로 좋은 것을 제안할 수 없다.

당신 앞에 고객이 있다면 늘 밝은 에너지를 주는 방송인 유재석처럼 마음을 밝게, 긍정적인 사고와 상대를 배려하는 자세쯤은 장착해야 하지 않을까?

고객은 당신의 밝은 에너지만으로도 당신의 고객을 향한 헌신과 실력을 경험하기 전에라도 당신과 함께하기를 기대할 것이다.

노멀을 스페셜로 바꾸는 기술. 자기 안에 있다는 것을 기억하기를.

02. 스펀지처럼 흡수하려면?

자신을 지워라.

자신이 이미 알고 있는 것을 잘못 드러내면 아집으로 보일 수 있다.

입속에서 튀어나오려는 '원래'라는 말을 지우고 알아도 경청하고 상대를 흡수하려는 자세가 필요하다.

수영코치가 가장 골치 아파하는 경우가 어설픈 폼으로 잘 못 배워 온 사람이라고 한다. 처음부터 수영을 가르치는 것보다 이미 몸에 익은 습관을 교정하는 것이 몇 배나 더 힘들다고 하니 격한 공감이 되는 대목이다.

'원래 이렇다'라는 말의 '원래'란 단어가 사회적으로 부정적인 단어가 된 걸 보면 우리만큼은 '원래'라는 단어는 지우고 살도록 하자.

특히 아이디어를 다루는 사람에게 '원래'란 단어는 존재하지 않아도 좋다.

사람의 뇌는 어떤 일을 처음 접하게 될 때 본능적으로 받아들일 준비를 한다고 하는데 이때 가장 좋은 컨디션은 아무 정보가 없는 상태라고 한다. 선입견 없이 받아들일 준비가 되었을 때 가장 빠른 흡수력을 보여서일까? 그러나 나는 완벽히 비워진 상태보다는 기본은 갖춰진 상태가 흡수력이 더 빠르다고 본다.

가장 좋은 자세는 알아도 기다리는 자세다. 내 정보가 가치가 있는지 검증의 때를 기다렸다가 드러났을 때 더욱 큰 잠재력의 가치로 재포장 되기 때문이다. 마치 새 스펀지는 너무 바짝 말라 있어 물을 더 잘 흡수하지 못하는 원리와 같다. 너무 가벼운 스펀지는 물 위에 떠 버릴 뿐이다. 적당히 수분을 머금은 스펀지라야 세제와 만났을 때 폭발적인 거품이 일어나는 것처럼, 다시 말하면 스펀지처럼 흡수하기 위해 기본은 갖추는 게 좋다는 이야기다.

흰 도화지 같은 상태가 때 묻지 않아서, 마음껏 그릴 수 있어서 좋다고 생각한다. 그러나 흰 도화지에 그림 그리기를 두려워하는 이들도 있다. 그래서 가이드가 될 선 몇 줄만 그려져 있으면 수월하게 이어서 그려나갈 수 있게 되는 것처럼 오히려 이미 그려진 무언가에 덧대어 상상해 내는 것이 창의적인 경우가 더 많다. 이미 그어진 한 줄의 가이드가 마중물 역할이 되는 것쯤으로 이해하면 되겠다.

아이디어 정면승부

나는 지난 22년간 매년 거의 사회 초년생만을 직원으로 채용했다. 어설픈 경력자는 '원래'라는 단어가 몸에 밴 사고로 대부분 시행착오를 겪었다. 사회 초년생이라도 좋은 인성이라는 기본기만 갖추면 무난한 회사생활과 스스로 성장을 해나갔던 경우가 대부분이다.

프로젝트가 시작되었다고 해서 무작정 드로잉부터 들어가지 않는다. 관련 자료를 찾고 경쟁 분야를 연구하며 아주 상관없는 것과도 연관 지어 보는 과정에서 새로운 인사이트 폭발을 경험하게 된다.

프로세스를 뻔히 알면서도 가끔은 시간에 쫓기는 조급함에 자료조사도 없이 프로젝트에 들어가는 우를 경험해본 적이 있을 것이다. 미션을 받았는가? 조바심에 두려워 말고 차분히 자료를 찾아 본게임에 들어갈 준비를 시켜라. 스펀지처럼 흡수할 수 있는 상태가 되어야 비로소 프로젝트의 본론에 들어갈 수 있다.

나는 클라이언트를 만나기 전 반드시 거치는 작업이 있다. 바로 이전까지의 기록을 조사하는 것이다. 고객이 가진 가치와 제품력, 업계의 평판 등 그동안 어떻게 진행되어 왔는지 무엇 때문에 나를 찾는지 알려고 노력했다. 그러니 초면에도 기본 솔루션은 줄 수 있을 만큼 준비가 된 상태로 첫 대면을 하게 됐던 것이다. 미팅을 마친 고객이 나에게 스펀지 같다는 평을 해주던 일은 결코 빈말이 아니었다.

　미팅 후에 찾는 정보와 자료는 고객이 요청한 것에만 집중해서 매달리게 되는 경우가 많다. 그래서 정보 찾기는 고객을 대면한 후가 아니라 만나기 전에 하는 것이 좋다. 사전정보로 무장한 내게 고객은 쉽게 의지할 수밖에 없다. 왜냐하면 나는 이미 알고 있는 정보로 질문을 함으로써 고객이 원하던 것을 알아차릴 뿐만 아니라 고객이 선호하지 않는 것들을 미리 배제해 시행착오를 줄일 수 있으니까 말이다.

　그리고 언제든 고객이 의견을 전할 수 있도록 창구를 오픈해둔다. 이메일을 주고받을 때보다 왕성한 의사소통으로 상당한 시행착오를 줄일 수 있을 뿐 아니라 사안에 대한 의사결정이 빨라 시간을 세이브하는 장점이 큰 실무자 간 단체대화방을 자주 활용했다.

03. 계획은 책임이다

계획을 세운다고 다 계획이 아니다.
계획은 이루겠다는 약속의 근거다.
약속은 책임이며, 책임지지 않는 계획은 무의미하다.

실현 가능성이 없는 계획은 껍데기만 흉내 낸 모형 스마트폰에 불과하다. 적어도 실행 가능하도록 계획된 정도라야 꺼져있는 스마트폰 정도라 말할 수 있겠고 결국 전원과 데이터가 켜져야 실행이 되고 결과를 낸 계획으로써 가치를 지닌다. 이룰 수 없는 계획은 공상과 다름없다. 계획한다는 것은 계획한 것에 대한 책임도 함께 질 것을 고민해야 한다.

신입직원을 뽑기 위해 면접과 함께 포트폴리오를 보곤 하는데, 간혹 공상과학 만화에서나 볼 법한 얼토당토않은 비현실적인 상상도를 도서관이라며, 공원이라며, 계획했다고 스스로 대견함이 묻어나는 목소리로 신이 나서 이야기하는 것을 본다. 순전히 이룰 수 없는 것들 대부분인데도 말이다. 그렇다. 계획은 상상으로부터 시작된다. 그러나 어린 시절 사생대회가 아니고서야 현업에서는 실현 가능 여부에 대한 타당성이 우선되는 현실을 부인할 수 없다.

계획을 10단계(미션 발제→생각(상상)→도출 스케치→검수→설득→공감→도식화→현실화 과정→실현→평가) 정도로 나눈다면 자체 검수쯤 되는 4단계 정도는 목구멍으로 삼키고 현실 가능한 4단계부터라야 차라리 구체적일 수 있다.

나는 되도록 불가능하다며 핀잔을 주기보다, 아이디어를 조금 보태 더 나은 방안을 찾거나 교정해주는 방법으로 스스로 알아차리도록 도움을 준다. 누군가 열심히 계획을 짜고 있다면 그럴 땐 반드시 물어라. 책임질 수 있는 계획인지를.

나는 참 무모한 시도를 많이 했었다. 많은 계획 끝에 현실로 풀어낸 것들을 들여다보면 그것은 대체로 책임질 수 있냐는 물음에 예스라고 대답할 만큼 확신이 있어서였다. 당장 이루지 못한 계획도 존재한다. 그러나 사장시키지 않고 기억하고 있으면 반드시 실현할 기회가 온다.

하이닉스 전시관의 결과물 중에는 최종적으로 실현된 것 외에도 무모할 법한 기획안을 많이도 제안했다. 개중 하나가 인공수족

관을 조성하는 것이었는데, 아쿠아리움을 짓고 잠수부를 동원해 수중 쇼를 하는 계획이었다. 이 얼마나 무모한가. 그러나 나는 예산안에서 실제로 실현 가능한 규모를 계획했고 모든 공정을 시뮬레이션하며 시장 조사를 했다.

20mm 두께의 아크릴 성형을 현장에서 부어 만드는 공정에서부터 3톤의 물을 채우는 데 드는 비용과 수압을 계산하는 등 안전에 대한 모든 조사를 꼼꼼히 마치고서야 드디어 설레는 마음으로 제안을 할 수 있었다. 이 계획을 들은 이들은 무척 놀라워했고 향후 5년 후에나 실현시킬 수 있을 것 같은 먼 미래 이야기라는 피드백이 돌아오긴 했지만 정말 센세이션하다며 만족해했던 기억이 있다.

또 한 가지 사례는 엘지전자의 전자 쇼 전시관이었는데 흔히 걸어 다니면서 관람해야 하는 전시관에 평면 무빙워크를 설치하려는 계획이었다.

넓은 전시관을 돌다 보면 지치고 힘든 관람객들이 무빙워크에 가만히 서서 전시관을 둘러볼 수 있다면 하는 생각에 제안했었다. 공항에 있는 무빙워크는 새로울 게 없지만 기대치 않은 곳에 무빙워크가 있을 때 오랜 관람으로 지친 이들이 맞닥뜨릴 특별한 배려를 새로운 경험으로 인식하게 될 상상만으로도 신나는 계획이었다.

농협은 꽃 농가의 활성화를 위해 꽃박람회장의 메인 입구에 자리 잡게 되었는데 나는 농협이라는 네이밍만으로도 뻔한 예상이 되는 그런 뻔한 모습으로 보여주고 싶지 않았다. 농가의 꽃들을 좀 더 엣지있게 담아내고 싶었다.

그래서 꽃을 대형 아이스크림콘에 담기로 마음먹었다. 골라 먹는 재미가 있는 모 아이스크림 가게처럼 한 스푼 크게 뜬 아이스크림이 꽃이라면, 상상만 해도 달콤하지 않은가. 결국 대형 아이스크림콘을 만들어 꽃을 듬뿍 얹은 모습을 연출해내고야 말았다.

때로는 도로 폭을 벗어날 만큼 엄청난 크기의 스핑크스 조형물을 이동시키느라 새벽 도로를 달려 전시장에 입성시킨 일은 모험을 예상하고 실행에 옮긴 사례 중 하난데 하나하나 잊을 수 없는 추억이 되었다.

결국 나는 제안한 계획들을 지켜내기 위해 백방으로 뛰어다니며 제작에 참여하고 현장에 세팅함으로써 고객과의 약속을 지켰던 것들이 결국 성과로 남았다.

반드시 실현 가능한 계획을 세워라.
약속을 지킴으로서 신뢰를 얻을 수 있는 가장 수월한 방법이다.

아이디어 정면승부

04. 아이디어 잔고를 높여라

아이디어는 쌓아 놓아야 한다.
얼마나 많이 쌓느냐가 미래를 좌우한다.

'idea'

아이디어에 따옴표만 붙여도 왠지 급 떠오른 것만 같은 기발함
이 느껴진다. 그러나 천만의 말씀, 만만의 콩떡이다. 순발력이니
기발함이니 하는 것들이 과연 갑자기 톡 튀어나오는 것일까? 아니
다. 그동안 쌓은 정보와 생각들이 누적되어 고민한 흔적들이 적절
한 때를 만나 빛을 발하는 것이 바로 아이디어다.

나의 아이디어 중에는 사장된 것, 즉 사용되지 않은 것이 상당하
다. 한번 끄집어낸 아이디어를 제때 쓰지 않고 시간이 지나면 나조
차 잊어버리는 경우가 있다. 너무나 많은 프로젝트를 하다 보면 그
럴 수밖에.

한번 끄집어냈던 아이디어는 실행만 거치지 않았을 뿐 마스터플랜으로써 즉시 사용 가능한 형태로 보관한다. 당장 쓰지는 않지만 잘 보관하여 사장되지 않도록 관리한다는 말이다. 보관된 아이디어들은 자주 들여다보며 틈틈이 다시 써먹을 기회를 노려야 한다. 그러려면 작은 메모 하나도 무심코 흘리지 말고 잘 보관하고 자주 들여다보는 게 좋다.

아이디어는 순간에 일어나는 찰나의 선물이다. 아침에 샤워할 때 떠오른 생각이 분명히 기가 막히게 기뻐서 휘파람을 불었는데 출근길엔 그만 까마득하다. '아, 그거 뭐였지?' 다람쥐 쳇바퀴 같은 이런 일을 나는 늘상 반복한다. 그러다가 다시 떠오르기라도 하면 정말 행복하다.

십수 년 전의 포트폴리오를 되짚어 보아도 흐름에 뒤지지 않는 것을 볼 때 간직하고 쌓아 둔 아이디어의 가치가 얼마나 소중한지 다시금 실감하게 된다.

아는 것이 많은 사람은 두 부류가 있다. 알기만 하는 사람은 TMI 라고 하지 않던가. 말만 많다. 그러나 알고도 있고 경험까지 한 사람은 말보다 실행으로 결과를 만들어 보인다.

아이디어의 잔고가 쌓이면 프로젝트에 대한 두려움이 사라진다. '아, 그런 것은 안 해 봤는데…'라고만 말하지 않아도 될 뿐만 아니라, 분야를 막론하고 제법 쓸만한 아이디어를 제공할 수 있다. 분야를 막론한 다양한 프로젝트를 경험할 수 있다는 얘기다.

페르소나 시대에 살고 있다. 우리는 다양한 재능과 호기심을 가지고 살아가기에 관심을 가지는 것만으로도 원하는 분야의 차별화를 찾아내고 독보적인 존재가 될 수 있다. 떠오르는 아이디어라면 분야와 상관없이 모조리 쌓아두라.

'이런 거 기발하지 않아?' 하고 풀어 놓은 아이디어가 남들에게 시큰둥한 반응을 얻더라도 자신만은 기록해두고 틈틈이 다시 꺼내어 보면 생각이 점점 업그레이드 돼가는 경험을 하게 된다.

그러니 틈틈이 아이디어의 잔고를 높이, 많이 쌓아 놓아야 한다.

05. 비법 노트를 풀어라

가진 것을 아까워 하지 마라.
베푸는 것이 성공하는 것이다.

후임을 성공시키는 사람이 진짜 성공한 사람이다. 시간과 일에서 자유로워지고 싶다면 후임을 키워라. 돌이켜보면 자신 역시 선임에게 물려받은 것이 분명 있기 때문이다. 만약 비법을 전수하고 싶은 생각이 없다면 진정한 프로가 되기 힘들다. 성공한 프로는 반드시 나눌 줄 아는 사람이기 때문이다.

비법이라 해서 거창하게 생각할 필요 없다. 타인은 모르고 나만 아는 것이면 비법이다. 하나라도 더 아는 내가 이것을 공유하면 된다.

당신의 업력이 지금 어디쯤에 있든 상관없다. 1년 차 후배를 둔 선배든, 팀을 이끌고 있는 막강한 실력의 소유자든, 디자인회사 대표든 후임을 잘 가르쳐주고 배우는 기쁨을 알게 해줌으로써 당신을 존경하게 될 수도 있다.

강력한 카리스마 따위는 당신의 개인 브랜드에도 결코 도움이
되지 않는다. 유명한 전문가가 된들 지나온 발자국을 지울 수 없
지 않은가. 그리고 언제까지고 직장이 당신을 보호해 주지 않는
다. 부드러운 카리스마로 후임과 함께 성장한 선임이야말로 업계
의 정설로 믿어 왔던 못된 실장에 대한 오해를 풀 수 있을뿐더러
드라마의 뻔한 스토리마저 바꿀지 모를 일이다.

말이 나온 김에 드라마 시장의 그 뻔한 스토리도 바뀌어야 하지
않을까 싶다. 드라마에서는 성격 좋은 실장님을 찾아볼 수가 없
다. '실땅님'으로 불리는 백마 탄 남자 실장님은 그나마 좀 낫다.
팀원의 디자인을 훔치고 내치고 소리나 지르며 못살게 구는 악역
실장님들 덕분에 이 시장도 괜히 그래야만 할 것처럼 따라가고 있
으니 안될 일이다.

나는 공간기획의 달인으로 활동하고 있는데 내가 생각하는 달
인의 정의는 이렇다. 달인이 된다는 건 자유인이 되는 것이라고.
달인이 되고 싶은가? 일에 매여 꼼짝할 수 없다면 지금 당장 달인
을 꿈꿔라.

06. 업데이트와 업그레이드

우리는 항상 준비되어 있다고 착각한다.

고객을 만날 자격이 충분하다고 믿는다. 그래서 가능한 모든 일에 욕심을 낸다. 혹 능력이 좀 달린다 해도 기회라고 믿고 객관적인 진단을 간과하기도 한다.

스마트기기를 사용하다 보면 주기적인 업데이트 알람 메시지가 뜬다. 그러나 더 이상 업데이트도 어려운 지경에 이를 때가 있다. 가지고 있는 기기가 한계에 이르렀을 때 우리는 미련 없이 포맷해버리거나 새 버전으로 업그레이드하는 경험을 한다.

당신이 고객을 대할 때 스스로 업데이트를 제때 잘하고 있는지, 내 서비스를 포맷해야 할 때는 아닌지 새로운 버전으로 업그레이드할 때인지를 잘 알아차려야 한다. 시스템이 잘 돌아가는 기업은 경고메시지가 뜨기 전에 시즌마다 미리미리 업그레이드함으로써 갑작스러운 오류에 대비한다.

나의 경우도 매년 새 식구가 들어오는 시점에 항상 사용하던 기기들을 업그레이드해 왔다. 1년 동안 사용한 컴퓨터는 전체 점검에 들어가고 업그레이드해야 할 기기와 폐기할 기기, 신입직원에게 배정될 기기는 사양을 높여서 쓸 수 있도록 하는 게 연례행사였다.

새 버전의 컴퓨터는 선배가, 기존 컴퓨터는 후배가 쓰는 전통이 자연스레 생겨났다. 어느 정도 규모의 프로젝트는 업데이트된 기기로도 충분히 소화할 수 있다. 그러나 더 큰 프로젝트를 하기 위해선 완전한 버전 업을 시킨 업그레이드 기기를 도입할 수밖에 없다.

조그만 포장마차의 단골이다. 시즌마다 새로운 메뉴를 내놓기로 소문난 이 집을 참 좋아한다. 한 번도 실망을 준 적이 없었다. 때론 깜짝 서비스로 감동을 주기도 한다. 포장마차의 주인은 메뉴와 서비스를 성실히 업데이트했다. 그런데 어느 날 포장마차 주인이 멋진 건물에 새 단장을 한다고 알려왔다. 단골손님이 인근 건물주였는데 음식 맛과 서비스에 반해 자신의 건물에서 사업할 기회를 열어줬다고 한다. 덕분에 모시고 갈 수 없었던 손님도 모시고 갈 수 있고, 단체예약도 가능해졌다.

이처럼 업데이트가 꾸준히 선행될 때 고객을 통해 한순간 사업이 업그레이드되는 경험을 나는 자주 경험했다. 창업한 지 얼마 안 된 미천한 규모였던 우리 회사는 작은 규모로 시작된 벤처 회사를 만나 최선을 다했다.

몇 번의 국내 박람회를 성공적으로 이끌자 해외전시의 경험도 없는 내게 라스베이거스 박람회를 기획할 기회를 제공했다. 컨테이너선이 적도를 건너는 바람에 포마이카 마감이 들뜨는 현상이 있었음에도 서로 처음이니 겪을 수 있는 시행착오로 이해해주어 무사히 위기를 넘기기도 했다. 물론 하자는 현지 인력을 고용해 잘 마무리 지었다.

이날의 포트폴리오를 시작으로 중국, 영국, 독일, 일본, 대만 등 다양한 국가로 진출하면서 다양한 해외 공사들을 수주할 수 있게 되었다. 첫 물꼬를 터준 이 회사 덕분에 해외로까지 사업을 확장해 나갈 수 있는 기회를 얻었고, 우리 회사는 확실한 업그레이드로 지경을 넓히게 되었다. 통상 해외 박람회는 해외시공 실적이 있어야만 수주를 할 수 있는 구조이기 때문에 나를 믿고 길을 열어 준 고객에게 두고두고 감사가 넘친다.

결론적으로 가장 좋은 방법은 업데이트와 업그레이드가 균형 있게 돌아가는 것이다. 기존 고객에게 업데이트를 계속해나가는 서비스를 지속하다 보면 어느 순간 그 고객이 나에게 업그레이드할 기회를 주게 된다. 기회는 그렇게 온다.

나는 지금 업데이트를 성실히 반복하고 있는가? 새 버전으로 업그레이드하고 있는가?

멋진 고객은 어느 날 혜성처럼 나타나는 게 아니다. 멋진 고객은 내가 만드는 것이다. 내가 꾸준히 실력과 서비스를 업데이트해가는 일을 지속했을 때 이를 경험한 고객이 나를 믿고 그 지경을 확장시키고 레벨업 할 기회를 줄 가능성이 가장 높다. 그러니 때를 놓치지 말고 지금 그 자리에서 꾸준히 업데이트하는 일부터 성실히 임해야 한다.

07. 다양한 무기를 장착하라 - 설득의 기술

당신만의 설득의 도구들을 찾고, 찾았다면 실행하라. 그러면 상상을 뛰어넘는 당신만의 경험 마케팅으로 축적될 것이다.

어떤 직업을 가졌건, 어느 위치에 있건, 가족에서부터 지인, 상사, 고객에 이르기까지 참 많은 설득을 하며 살아간다. 특히 디자인을 제안하는 입장에서 설득하기 위한 '다양한 무기'를 가지는 것이 꼭 필요하다. 다양하게, 기발하게 고객을 설득해낸 방법을 소개한다.

Solution 1 : 2D와 3D를 넘나들며 가장 효과적인 도구를 찾다!

나의 강력한 무기는 '모형'을 제작하는 것이다. 3D가 완성되기도 전에 때로는 모형작업 속도가 더 빠를 만큼 머릿속에 떠오른 이미지를 즉시 구조로 지어보고 보완할 것을 찾는 것이 내게 특별히 특화된 달란트다. 남의 눈엔 신기할지 몰라도 폼 보드와 칼 한 자루, 자 하나만 있으면 원하는 것을 뚝딱 만들어 내는 게 내 무기이다.

공간을 다루는 직업인 만큼 컴퓨터 프로그램으로 모델링한 3D 그림을 기반으로 설명을 하고는 한다. 그러나 아무리 잘 그려도 평면은 말 그대로 평면이고, 입체 조감도라고 할지라도 어차피 출력되면 다시금 평면과 별 차이가 없다. 모든 고객이 공간지각력을 갖췄다고 생각하면 오산이다. 아예 공간지각력이 없다는 전제하에 접근하는 게 낫다.

그래서 나는 좀 더 구체적인 공간감을 이해시키기 위해 모형작업을 마다하지 않는다. 모형을 만든다고 해서 3D를 준비하지 않는 건 아니다. 3D는 3D대로 시뮬레이션을 하면서 한쪽에선 보드를 잘라가며 입체 모형을 만드는데 행여 시안이 2개라도 될라치면 총 4가지 작업이 병행될 때도 있다. 카메라로 동선을 따라 내부를 돌아보는 동영상 작업까지 보태지면 프레젠테이션은 더욱 구체적이고 선명한 그림을 머릿속에 그려 넣어줄 수 있게 된다.

그림으로 공간이해가 수월치 않은 고객에게 말로만 수없이 설명하는 팀과 실물모형으로 게다가 모형을 여러 방향에서 들여다본 수십 장의 사진 컷을 들고 설득하는 또 한 팀이 있다면 누가 더 유리하겠는가. 답은 뻔하다. 그러나 안타까운 것은 경쟁사 누구도 나와 같이 모형을 준비하는 성의를 보여준 적이 단 한 번도 없었다는 사실이다.

Solution 2 : AR/VR을 동원해 생생한 현장을 소환하라!

IT/IOT/ICT 기술 시대로 진입하면서 점차 AR과 VR을 채택하기도 했다. 가상현실에서 구현되는 방식으로 현장에 구현해낼 수 없는 방대한 정보를 담아낼 수 있어 자주 제안하고 실제로 구현하곤 했다. 기관 또는 지자체 분들을 이해시키는 데 다소 어려움은 있었지만, 실행 후 성과로 인정받았다.

내 생각에 우리나라에서 가장 트랜디한 곳은 바로 무역의 최전 방이라고 부르는 무역센터 코엑스이다.

연간 100만 명이 코엑스를 방문하는데 가장 트랜디한 것들을 접할 수 있기 때문이고, 또 그것을 생성해내는 이들이 있기 때문이다. 좋은 상품을 가장 잘 선보여야 하는 미션이 있는 곳이다. 누가 뭐라해도 한국은 IT 강국이다. 그러니 IT 기술을 접목해서 고객의 서비스를 현실감 있게 드러나도록 돕는 장치를 사용하는 것이 당연하다.

신기술일 경우 고객에 제안하면 '그렇게까지 해야 하나?' 또는 '대박이다.'로 호불호가 갈린다. 단순한 QR 코드 정도야 모두 알고 있다. 하지만 AR과 VR은 아직 고객 입장에서 좀 낯설어 한다. 하지만 나는 과감히 도입하고 충분히 활용했다.

IT는 순간순간 발전하고 다양한 방법과 도구들을 쏟아낸다. 어떤 IT 기술을 접목할지 상상하는 것만으로도 흥분된다.

Solution 3 : 오감 마케팅을 활용하라!

모형을 제작할 손재주도 없고 IT에도 약한데 그럼 어떻게 하냐라고 되묻는다면 늘 새로운 것만 찾을 필요는 없다고 말해주고 싶다. 본능을 만족시킬 무엇 하나 정도는 누구나 장착하고 있기 때문이다.

2006년 해양수산부 산하 어촌어항협회를 홍보하기 위해 강원도에서 해녀까지 동원해 수조차 한 트럭 물량의 해산물을 공수했다. 행사에 참석한 가족들이 수조에서 직접 해삼, 멍게, 가리비를 직접 잡아 행복한 경험의 기억을 가지고 돌아가게 했다. 이때 해산물을 싱싱하게 유지하기 위해 행사 내내 산소 펌프를 애지중지 보살폈던 기억이 있다.

산림청 홍보를 위해선 자작나무숲에 피톤치드를 어마무시하게 뿌리고 숲의 향내를 느끼게 하며 산림을 체험하도록 했고 작은 숲 모형도 제작했다. 1/100 모형을 돋보기로 들여다보는 아이들이 미니어처에 대고 대화를 하는 듯했다.

2005년 아이리버 전시관에서는 명화 속 피리 부는 소년이 작품 속에서 방금 튀어나온 듯한 연출로 퍼포먼스를 했는가 하면, 덴마크 브랜드 로열 코펜하겐의 명품 패턴이 그려진 테이블 위에서 덴마크에서 모셔온 장인과 함께 접시 패턴을 직접 그려보는 경험을 제공하기도 했다. 인사동에서 달고나 장사를 하시는 분을 모셔와 추억의 달고나로 추억소환은 물론 전시장을 달콤하게 만든 일 등 참 많은 시도를 했다.

　다양한 마케팅을 위해 여러 사람을 섭외하고 발굴하다 보니 심 심찮게 실력있는 아마추어분들을 발굴하고 그들이 성장하는 일에 도 기여했다.

　캐리커처를 그려주려 섭외한 염동균 작가님은 이를 계기로 두 각을 드러내 자동차회사 광고는 물론 평창올림픽 오프닝 무대에 서 퍼포먼스를 선보였고, 길거리에서 마임을 하던 로드 스토리의 멤버들을 전시관에 세운 일은 예술의 지경을 넓혀준 또 하나의 사 례로 평가받기도 했다. 이런 분들이 보잘것없는 내 무대가 데뷔의 기회였다고 고마움을 표할 때 나는 내 일이 진정한 종합예술이라 는 생각이 든다. 2003년에 로드스토리로 만난 백욱희 감독은 지금 까지 이어지고 있는 특별한 인연이기도 하다.

　때로는 기획자로, 연출자로, 감리자로, 진행자로, 또 뒤에서 돕 는 스텝, 현장 인부로 탈인형만 쓰지 않았을 뿐 종횡무진 다양한 역할을 넘나들며 움직였던 경험들은 지금도 공간기획자로 살아가 게 만드는 매력이 아닐 수 없다.

　다양한 무기들은 이 외에도 너무나 많다. 당신이 가진 것은 모자라지 않다. 지금껏 당신은 설득당하는 존재였는가 아니면 설득하는 존재였는가? 이제 당신의 설득으로 세상을 움직이는 삶을 살아보는 것은 어떠한가? 멋지다, 대단하다라고 남들을 칭송하는 것은 이제 그만두고 설득의 성과를 직접 경험해보는 것은 어떨까?

08. NO! 대신 대안을 제시하라

당신은 YES맨인가? 아니면 NO라고 말하는 사람인가?

NO말고 대안을 말하라

불굴의 의지로 성공한 사람들의 스토리를 들어보면 대게 '불가능은 없다'고 말한다. 천만에! 불가능은 있다. 분명히 있다. 그럼에도 불구하고 가능하게 한 힘은 불가능을 가능하도록 만든 '대안을 찾은 덕분이 아닐까?'

나는 아이러니 하게도 '불가능하다'라는 대답을 가장 싫어한다. 내 입에서는 절대 나오지 않는 단어일 정도로 내 사전에 불가능이란 없다. 오해가 없길 바라며 전하는 전제는 이거다. 당연히 불가능한 건 존재한다. 하지만 고객 앞에서는 불가능하다는 말보다는 더 좋은 대안이 있다는 표현으로 대화의 스킬을 넓히라는 의도다. 말이 떨어지기도 전에 생각해 보지도 않고 "불가능한데요!"라고 말하는 직원의 즉각적인 반응에 답답함을 느낀다.

아이디어 정면승부

나는 답답함을 가진 고객에게 솔루션을 주고 내게 주어진 미션을 해결하는 일을 무척 즐긴다. 그래서 고객에게 '불가능하다'라는 표현을 되도록 삼간다. 그 단어가 입 밖으로 나오는 순간 문제를 해결해달라고 요청한 고객에게 가장 먼저 나의 무능함을 인정하는 꼴밖에 되지 않는다.

더구나 고객에게는 불가능한 것을 요구했다는 사실을 확인시킴과 동시에 '내 질문은 틀리지 않다'라는 감정을 불러일으키기에 이 부정적인 단어 하나로 인한 오해는 얼마든지 생겨날 수 있다.

많은 솔루션을 뽑아내기 위해 주로 내부직원과 현장 팀에 방안을 묻는다. 이 과정에서 가장 쉽게 돌아오는 대답이 '불가능한데요'이다. 그럴 때마다 나는 찌푸려지는 눈살만큼이나 마음도 찌푸려진다.

"아이고, 이 사람아. 대안을 찾으면 되지!"

이 말을 하도 들은 오랜 직원들은 "불가능한데요."가 끝나기가 무섭게 "네, 네."하고 돌아서기도 한다. 나에게서 어떤 주문이 나올지 너무도 뻔하기에. 불가능하다고 결단하는 순간 대안이 떠오를 리 없다. 가능하다고 믿고 맞닥뜨려야 해결책이 찾아진다. 그래서 문제 앞에서는 긍정적인 마인드가 무척 중요하다.

꽃박람회에 참가한 농협의 콘셉트를 '꽃 콘'으로 잡았던 적이 있다. 아이스크림콘 형태에 꽃을 담뿍 담은 모습을 형상화하고 싶었다. 문제는 무거운 꽃 더미를 고깔콘 형태의 아이스크림콘 과자에 담아 똑바로 서 있게 만들어야 하는 것이었다. 아이스크림콘 형태를 그대로 드러나게 하고 싶었고 이것을 똑바로 세우려면 설계단계에서 방법을 찾아야만 3D 입체로 그려 넣는 시뮬레이션이 가능했다. 당연히 첫 스케치가 나왔을 때는 꽃을 담은 콘이 공중에 둥둥 떠 있었다. 그럴 수밖에.

내가 방법을 찾던 중인 걸 눈치챈 직원은 기대감에 가만히 기다렸지만 모델링이 급한 직원은 다그쳐 물어왔다.
"이거 불가능한데 어떻게 세우시려구요?"
'어 그래? 잠시만 기다려, 방법을 찾아줄게.' 속으로 주문을 외우듯 조용히 속삭이곤 미친 듯이 구조와 소재에 관한 자료들을 찾는데 몰입했다. 마치 물밑을 헤엇는 백조의 다리처럼 혼자 바쁨을 자초한다.

그렇게 해서 찾은 방법이 투명 아크릴 통이다. 정확히 표현하면 굵은 파이프 형태의 투명 아크릴 통이다. 파이프라고 하면 얇은 관 정도가 생각나겠지만 내가 선택한 아크릴 파이프는 파이프라기보다 드럼통에 가까운 사이즈의 말 그대로 통이다.

지름 80센티 정도의 투명 아크릴 관을 책상 높이 정도로 자르고 시계판처럼 원형으로 배열한 뒤 상판을 제작해서 덮도록 설계했더니 특수 제작한 아이스크림콘이 꽂히는데 이보다 완벽한 구조물은 없어 보였다. 지금 생각해 보니 일식집에서 나무판에 꽂아 나오는 알이 얹어진 김말이 정도를 연상해도 좋겠다. 확신이 들자 수정 한 번 거치지 않고 그대로 실행하게 되었다.

이러니 우리 회사에선 '불가능하다'는 표현은 금기어가 될 수밖에 없다. 직원들에게 불가능하다는 표현 대신 다른 방법을 제시하는 '대안 찾기' 훈련을 지속적으로 해나갔다.
고객의 요청에 NO라고 말하기 전에 '대신 이런 방법이 있다라고 하면 어떨까?' 이런 대응들이 진짜 실력을 키워준다.

그러나 대안을 제시할만한 실력이 갖춰지지 않은 상태에선 솔직히 "저는 어렵겠습니다."라고 말해야 한다. 자신의 불가능함을 인정하는 것이 후에 실력 없음이 드러나는 것보다 더 낫다.
미션을 해결하는 가장 좋은 방법은 새로운 솔루션을 떠올리는 것이 아니라 앞에 있는 문제들을 먼저 걸러내는 것이다.

나는 존경하는 사수로부터 디자인은 'Solving the Problem' 즉 문제를 해결하는 작업이라고 배웠다. 그래서 나의 접근은 항상 무언가를 하려는 것보다는 문제를 덜어내는 것에서부터 시작한다.
문제를 해결하겠다고 새로운 아이디어들을 많이 덧붙이는데,

먼저 주어진 미션 자체부터 뜯어보면 무엇이 문제인지 드러난다. 그것을 덜어내는 힘이 바로 문제 해결의 첫 단추다.

　새 옷을 입고 싶다면 입은 옷을 벗어야 한다. 옷을 벗기 싫다면 당신이 선택할 수 있는 건 두꺼운 외투밖에 없다. '불가능해'라는 마음은 이미 옷을 껴입은 채 '더 이상 껴입을 수가 없어'라고 하는 것과 같으니 문제의 옷을 내려놓고 생각해 보길.

09. 아이디어의 최종 목적지는 문제해결력

아이디어는 고객의 문제를 해결하기 위해 존재한다. 덜어내는 힘이 바로 문제해결의 첫 단추가 된다.

제조와 유통, 반도체, 산업 장비, 베이비-유아 산업 분야, 또 건축과 국제회의를 유치하는 마이스 산업에 이르기까지 참 다양한 분야를 종횡무진하며 공간기획자의 경험을 쌓았다. 당연히 프로젝트에 관한 스펙트럼도 상당히 넓어졌고 다양한 분야를 아우르는 아이디어를 내다보니 남들보다는 새로운 것에 대해 낯섦이 좀 덜하다.

누군가의 사업적인 미션을 듣다 보면 불쑥불쑥 떠오르는 생각을 풀어놓게 된다. 자연스럽게 떠오른 생각들이 가끔 도움이 되기도 했던 모양이다. 덕분에 인사이트를 얻었다며 감사 인사와 함께 아이디어 도출 과정을 궁금해한다.

나도 내 아이디어의 원천을 한 15도쯤 비튼 생각으로 바라보는 시각 아니면 잠재력과 약간의 재능? 뭐 이 정도로 생각했었다. 내가 사물을 바라보는 방법이 보통 그러하니까. 근래에 분석해보니 단지 생각만 비틀어서 나온 결과물들은 아니었다.

아이디어가 왜 필요한가? 다양한 필요성을 말할 수 있겠지만 결국 문제를 해결하는 데 필요한 것이라 말할 수 있다. 자신의 프로젝트에서 일그러지고, 빠진 부분을 찾아내면 어떤 문제든 해결해낼 수 있다. 문제해결을 위한 아이디어 도출에는 거쳐야 할, 갖춰야 할 것들이 있다.

첫째, 일의 시작과 끝을 결정하는 '프로세싱능력'이다. 자신이 일머리가 없다는 이야기를 듣는다면 일의 프로세스를 돌아봐야 한다. 프로젝트마다 거의 공통의 프로세스가 존재한다. 이것을 위해 제일 먼저 타임 테이블을 짜야 한다. 이 일정에 맞춰 콘셉트를 정하고 자료를 찾으며 종합해보고 실무자 간의 조율과 시뮬레이션을 거치면서 보완을 해야 한다. 일의 처음부터 끝을 연결하는 능력이 바로 가장 기본이라고 말할 수 있다.

두 번째. 상대의 이야기를 듣고 구체화할 수 있는 '공감'이다. 공간지각력은 먼저 상대의 이야기를 듣고 공감할 수 있어야 한다. 먼저 무엇을 원하는지 충분히 공감해야 다음 스텝으로 연결될 수 있다. 특히 디자이너라면 이런 1차원적인 공간 감각에서 상대의 말을 공간으로 변환하는 조금 차원이 다른 능력을 요구받게 된다. 공간에 관한 정보가 있어야 그것을 기반으로 상상도 가능한 것이지 한 번도 보지 못한 것을 상상하기는 어렵다. 여러 공간을 경험한 것들을 다시 재조합하면서 더 좋은 공간을 상상하게 만들어야 한다. 그래야 '아이디어'가 나온다.

세 번째는 보면 기억나게 하는 '상징화'이다. 지금 바로 떠오르는 이미지가 있다면 그건 그 이미지의 소유자 또는 회사가 상징화를 잘했다는 증거다. 많은 브랜드를 가진 기업들, 기관, 국가까지도 고민하는 게 바로 이 상징화이다. 이걸 사람에게 적용하면 '퍼스널브랜딩'이 된다. 그런데 공간에서 다루고자 하는 상징화는 또 조금 다르다.

이미 보여진 이미지를 다시 한번 공간으로 상징화하는 2차 상징화라고 한다. 옥외 간판을 보지 않고도 실내사진 한 장으로 그곳이 어디인지 알 수 있을 만큼 공간에 녹여진 상징성이 존재한다. 그런 힘을 가진 공간들이 우리 주변에도 꽤 많이 존재한다. 한번 상징화되고 나면 잊히지 않는 효력을 발휘한다. 내 아이디어가 문제해결력을 갖기 위해서는 잊히지 않는 아이디어로 상징화돼야 한다.

네 번째는 '실용화'이다. 고객이 가진 문제는 결국 매출이라는 거름망에 걸리게 된다. 그것을 해결하는 방법은 목표에 도달하는 것이다. 실제 구매욕을 일으킬 수 있을 만큼 실재감 있게 구현하는 방법이 아이디어로 도출되어야 한다. '보기에 좋더라, 그럴듯하더라'가 아닌 궁극적인 목적에 귀결되는 아이디어여야만 한다.

다섯 번째는 고객의 목적을 최우선으로 두는 '지향성'이다. 어떤 일을 하더라도 우리는 순수 예술가가 아니다. 고객이 원하는 목적지에 데려다주는 가이드의 역할을 충분히 해낼 수 있는 아이디어여야 한다. 고객의 목적에 맞지 않는다면 당장 버려야 한다. '아, 이거 너무 좋은데 왜 이걸 몰라보지?' 하는 생각이 든다면 두 가지 중 하나의 오류일 가능성이 크다. 자신만의 스타일이었거나, 설득력이 부족했거나. 이때 이 아이디어가 어디를 향해야 하는지 되새겨야 한다. 물론 고객이다. 무조건.

나의 주목받는 아이디어들은 이렇게 생겨났다. 주목받는 성과를 만들어 내는 아이디어는 다섯 가지 모두 균형을 이뤘을 때 나온다. 문제를 해결하려고 새로운 생각을 덧붙이는 것보다는 주어진 미션 자체부터 연구해야 한다. 그러면 바로 무엇이 문제인지가 드러난다. 덜어내는 힘이 바로 문제해결의 첫 단추가 된다. 왜 아픈지 먼저 생각해보면 굳이 약을 먹지 않아도 되는 것처럼.

원하는대로
Since 2018

공간미학을 채워주는 이경희의 심볼마크

PART. 2

아이디어 실전편

01. 뻔한 것을 경계하라

- 밤부베베 편

한 분의 팬을 소환하려 한다. 아니 이제는 서로의 팬이기도 하다. 처음부터 팬으로 시작된 관계라 해도 과언이 아니기에 감히 이렇게 소개해본다.

첫아이를 위해 천 기저귀를 만들게 된 묵이 엄마, 깨끗한 천을 만들기 위해 세계 각국의 유기농 재료들을 찾고 밤새 수십 번의 디자인을 다시 그려가며 완성했다는데, 바로 대나무 섬유로 아기용품의 모든 것을 만들게 된 회사, 밤부베베다.

15년이 지났지만 초심을 잃지 않고 여전히 세상 모든 엄마들의 고민을 함께하며 제품개발에 애쓰는 섬세함이 제품들에 고스란히 묻어난다. 아이가 있는 엄마라면 다 아는 브랜드, 밤부베베의 출발은 왜 우리나라 천 기저귀는 다 똑같이 생겼을까 하는 의문에서부터 시작되었다고 한다.

뻔한 것이 싫어서 만든 밤부베베 제품은 눈으로 보는 제품이 아니라 머리와 가슴으로 보는 제품이다. 진짜 진심을 담았기에 자신의 진심을 표현해 줄 수 있는 파트너를 찾다가 전시장에서 감명받은 전시관을 보고 수소문한 끝에 나를 찾아오셨다고 했다.

밤부베베 대표님과의 첫 만남에 비딩(bidding)도, PT도 없이 즉시 파트너가 되었다. 첫 만남에 서로의 팬이 되어버린 이 관계는 바로 서로를 알아보는 진심이 통해서가 아닐까 싶다. 나는 파트너가 되는 순간 그 기업의 사람이 되어버린다.

누구나 그렇게 되어야 한다고 생각한다. 외부인의 마인드로는 절대 고객의 진짜 니즈를 알아챌 수 없다고 믿기 때문이다.

당장 기획에 들어간 나는 내 손으로 직접 파이버(fiber)라고 하는 대나무 원사를 직접 만져보고 싶어서 원사 한 롤을 요청했고 손이 큰 대표님은 여러 개의 원사가 감긴 원형 원사 뭉치를 보내주었다. 목화솜보다 백배 부드러운 대나무 파이버는 섬유의 신세계를 경험하게 해주었다. 막 도착한 대나무 원사가 감긴 커다란 원형 실패를 받아보고 얻은 영감을 바로 표현해 보았다.

생각난 것은 즉시 스케치나 모형으로 샘플링한 뒤 바로바로 공유해 의견을 나누는 습관 덕분에 실시간 소통으로 시행착오를 줄이고 커뮤니케이션을 원활히 할 수 있다. 가끔 묻지도 따지지도 않고 디자이너 혼자서 진도를 빼다가 고객의 니즈와 맞지 않아 시행착오를 겪는 이들이 많은데 이점만 개선해도 좋은 성과물을 얻을 수 있다.

잦은 소통은 그만큼의 시행착오를 줄일 뿐 아니라 상대가 원하는 것과 아닌 것을 실시간으로 확인할 수 있는 장점이 있다. 다시 말하면 상대가 우려하고 있는 문제들을 애초에 제거해 나갈 수 있다는 점이다. 그러나 대부분의 디자이너는 중간 기획과정을 오픈하지 않으려는 성향이 있다.

고객이 잘 몰라서 건너짚고 말하는 표현들에 상처를 많이 받기 때문이기도 한데 이것을 이겨내야 한다. 그래서 과정을 공유할 때는 솔직히 그리고 자세하게 다음 스텝을 설명할 수 있어야 한다. 그러면 고객은 안심하는 동시에 더욱 기대하게 된다. 나는 소통하는 과정에서 기대감이 증폭된 고객의 응원 덕분에 더 잘해 내는 케이스이기도 하다. 그리고 지속적인 연구와 노력에 고객은 틈틈이 감동을 받는다. 감동이 쌓이면 저절로 신뢰가 쌓이게 된다. 프로젝트 진행 중 얻는 특별한 보너스 같은 것이다.

또 하나 중요한 점은 고객이 원하는 것만 해결해서는 안 된다는 것이다. 고객이 바라던 바 이기는 하지만 표현하지 못했던 것들이 있다. 또는 미처 생각지 못했던 것을 제안하는 것이 바로 아이디어다.

특히나 나는 '남들도 다 쓰는데 어때?'하고 일회용 기저귀를 쓰는 뻔한 입장과는 절대적으로 다른 마인드의 소유자, 묵이 엄마를 고객으로 두고 있지 않은가. 고객의 수준만큼 나도 뻔한 것을 경계할 수밖에 없다. 묵이 엄마, 박 이사님은 처음부터 나의 기준을 높여 준 고객인 셈이다.

자! 그 뻔함과 특별함 사이를 들여다보자.

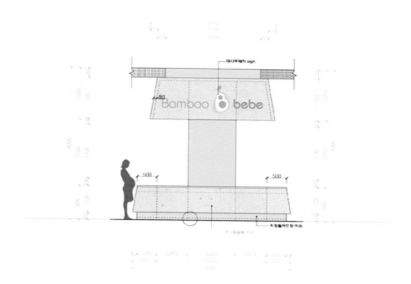

임산부가 대부분인 베이비페어 현장을 오랜 시간 지켜봐 온 나는 임산부를 배려한 테이블을 제안했다. 원사가 감긴 실패에서 영감을 얻은 사다리꼴 형태가 임산부를 배려하고자 하는 의도와 딱 맞아떨어졌다.

나도 임신을 하고 배가 불러올 때쯤 테이블 모서리에 배가 닿는 것이 예민했던 기억이 있다. 그래서 테이블 모서리를 켜 내듯 깎아지른 사선형 테이블은 기업이 임산부를 위해 섬세한 마음으로 배려했음을 담아낼 수 있었다.

이 작은 것 하나로도 임산부들은 감동하게 되었고 함께 박람회에 참가한 주변 관계자들은 경쟁 관계를 떠나 진심으로 엄지를 치켜올려 인정해주었다. 오픈부터 마치기까지 며칠간을 힘든 줄도 모르고 전시관을 흐뭇하게 바라보고 서 있던 밤부베베 대표님의 모습이 내 머릿속에 늘 남아있다.

여기서 멈출 내가 아니다. 나의 디자인 철학은 작은 디테일에 있다. 큰 선물도 좋지만 작은 디테일에 의한 감동이 더 큰 법이다. 나는 대나무 원산지인 담양에서 직접 좋은 대나무를 공수해 왔다. 디스플레이부터 간판이 되는 싸인 작업 외에도 머리부터 발끝까지 대나무로 직접 만들어 제공했다.

아이디어 **정면승부**

대나무를 반으로 쪼개어 LED Bar를 심은 조명기구는 또 하나의 야심작이었다. 지나던 사람조차 저런 조명은 어디서 살 수 있냐고 물어 올 정도였고, 박람회를 마치는 순간 손수 만들어 시공한 대나무 소품이 사라지는 웃픈 인기까지 누렸다.

대나무를 공수하고 표면을 닦아 자른 후에 굵기별로 구분하여 일일이 수작업으로 만든 밤부베베 간판은 그 어떤 파트너도 자진해서 제공할 수 없는 애정이 담긴 작업이었다. 이런 것들을 접한 고객은 내게 '값으로 환산할 수 없는 가치'라고 평가하곤 한다.

대나무 섬유에 대나무를 소환한 것은 너무도 뻔한 기획이었으나 나는 그 뻔한 소재를 결코 뻔하지 않게 사용함으로써 고객에게는 다음 스텝을 기대하게 만들었고 서로를 향한 팬심은 오래도록 지속되는 관계로 이어지게 되었다.

아이디어 정면승부

나의 오지랖은 틈틈이 상품개발에도 관여했다. 아이디어를 내고 내 고객이 잘되기를 바라는 마음으로 살아가기 때문이다. 심지어 내게 보내오는 상품의 상자조차 버리지 않고 모두 모아 둔다. 어떻게 재활용할지 친환경적인 고민을 할 때가 가장 에너지 넘치는 시간이기에.

밤부베베는 아이디어가 생각날 때면 언제든지 소통했던 고객사 중 하나다. 한번은 지나는 말로, 아빠 육아 시장이 점점 늘고 있는데 엄마에 비해 아빠는 집에서 아무거나 입고 아기를 안는다는 이야기를 전했다.

박람회에 동반하는 아빠들을 보면 죄다 아기와 임산부 위주의 상품이라 흥미도 떨어지고 종일 포터 역할에 지친 표정이지 않은가. 육아에 동참하는 아빠들에게도 좋은 걸 입혀야 하지 않겠나. 그러니 아빠 티를 제작하면 어떨까? 라는 제안을 한 적이 있다.

아이디어 정면승부

아무 옷이나 입은 아빠 가슴에 기댔다가 얼굴이 쓸리는 아기 모습이 연상되면서 서로의 무릎을 탁, 치는 순간 상품은 이미 결정되었다. 몇 달 후 밤부베베에서 진짜 육아 대디를 위한 아빠 티가 출시되었다. 그게 바로 아랑아랑 아빠 티다. 육아를 마쳐가는 나에게도 한 벌 선물해 주셨는데 말할 수 없는 기쁨이 이런 거구나하고 실감했다.

고객의 마음이 늘 열려있었기에 가능한 일이긴 했으나 파트너도 제품개발에 관여할 수 있다는 것을 보여 준 사례다.

이로써 우리는 더 이상 뻔한 갑을 관계가 아닌 뻔한 것을 너무도 싫어하는 상생하는 파트너가 되었다.

02. 고객을 기다리게 하는 힘
- 코엑스 치과병원 편

❖

2008년 8월, 코엑스몰에 입점한 치과병원을 리뉴얼 했다. 원장님이 지나는 말로 "바쁘시니까 시간 되실 때 해주세요." 한 지가 2년 전이었으니 2년을 기다리고서야 마침내 리뉴얼을 한 셈이다.

그냥 지나는 이야기로 건넨 백지수표 같은 러브콜을 받은 지 딱 2년 만에 계약서에 사인을 했다. 첫 프로포즈 이후 실행을 하기까지 2년여의 시간을 벌었으니 틈틈이 병원을 들여다보며 고민할 기회는 덤으로 누렸다. 덕분에 통상 짧은 기간의 기획과 공기(공사 기간)로는 충분히 풀어내지 못하는 아쉬움이 없게 마음껏 설계하는 기회도 갖게 되었다.

어쨌거나 평범한 공사는 아니었다. 코엑스 지하 1층 쇼핑몰에 위치한 이 병원은 복합몰의 특성상 공사에 제약이 참 많았다. 특이하게도 이 병원은 코엑스의 구관과 신관에 반쪽씩 걸쳐진 상태로 상당 기간 운영되고 있었다. 원장실과 VIP 진료실은 구관에, 접수 안내 데스크와 상담실, 엑스레이실, 진료실은 신관에 위치해 있어 종일 좌우 두 개의 공간을 오가야 하는 참 특이한 환경에 놓여있었다.

　가장 큰 숙제는 분리된 두 공간을 하나로 통합해서 원활한 진료를 위한 동선을 뽑는 일이었다. 그러자면 신관과 구관의 건물 옹벽을 뚫어야 하는 난관에 부딪혔다. 뚫어야 할 거대한 콘크리트 벽도 있었지만 진짜 벽은 거대한 조직, 코엑스라는 곳을 상대로 승인을 받아내야 하는 일이었다.
　얼토당토않은 도전이라며 주변에선 말렸지만 나는 내 고객에게 꼭 필요하다면 당연히 해야 할 일이라고 판단했다.

　이뿐인가, 복합몰의 특성상 심야 영화를 상영하는 영화관에 피해가 가서도 안 됐다. 배관 설비도 복합몰의 식당가와 겹쳐있어 보통 복잡한 게 아니었다. 해결해야 할 문제는 산적해 있었지만 가장 시급한 옹벽 뚫기부터 해결해야겠기에 건물 옹벽을 뚫어도 안전한지 구조 안전 심사부터 받기로 했다.

　구조 안전 심사 보고서를 가지고 코엑스에 직접 부딪혀보기로 했으니 내린 결론이었고 즉시 실행에 옮겼다. 지금 생각하면 배짱도 참 두둑한 시기였다. 설득이 안 되면 다시 설계를 수정해야 함에도 '무슨 근거'인지 모를 확신으로 애초부터 하나로 연결된 설계도만을 가지고 접근했다.

내가 가진 '무슨 근거'란 이것이었다. 내가 건물주라면 임차인이 불편하게 써야 하는 공간은 임대 자체를 하지 않았을 거란 상식에 기반한 상식적인 상식(너무나 상식적인 것을 강조하는 저자의 말투다)과 안전에 이상이 없다면 승인해주는 게 당연하다는 논리로 접근하면 근거는 충분하지 않은가 말이다.

설득되지 않을 것에 대비해 차선책을 함께 제시했다면 우리 모두는 아마도 쉽게 타협하고 말았을 것이다. 한쪽의 주장을 쟁취한다는 것이 얼마나 피로도가 쌓이는 일인지 안다면 말이다.

모 방송 프로그램에서 돈가스를 먹기 위해 전날 밤부터 줄을 서는 광경을 본 적이 있다. 포방터 돈가스 사장님이 매스컴을 타고도 초심을 잃지 않고 변함없이 최고의 맛으로 보답하듯이, 나 역시 2년이나 기다려준 고객이기에 당연히 최고를 드리고 싶지 않았겠는가.

우선 내가 가진 실력을 다 담아 설계했고, 마치 다윗이 전투에 임하듯, 골리앗을 한 방에 쓰러뜨릴 비장의 무기들을 준비했다. 될지, 안될지 모르는 일이었지만 만만치 않은 구조심사비용을 들여 진단을 받았다. 그리고 지하층부터 옥상까지 건물 두 개가 겹친 무려 두께 60센티의 옹벽에 문짝 하나 정도 되는 사이즈를 뚫어내는 일은 건물 안전에 이상이 없다는 구조검토 결과서를 받았다. 그리고 거대 조직 코엑스를 설득하는 데 결국 성공했다. 안전하다는 직인이 찍힌 보고서는 비장의 무기가 되기에 충분했다.

따져서 설득되지 않는 일들이 있다. 언성 높여서 설득될 일은 더더욱 없다. 결국 승인을 얻어내고 원안대로 공사를 시작할 수 있게 되었으니 내 병원인 양 나서서 전투를 치룬 파트너가 고객으로서는 너무도 고마웠을 것이다.

고객이 2년이나 나를 기다린 이유가 단지 이뿐만은 아니었다. 2D와 3D를 넘나드는 실력이 또 하나의 이유다. 나는 코엑스 치과병원의 시그니처를 기획했는데, 바로 이것이다.

자개로 만든 병원 대표 간판

N/C 가공으로 바닥에 수 놓은 대리석 엠블럼

아이디어 정면승부

옹벽을 뚫어 하나로 연결된 병원

어금니의 실루엣을 모티브로삼아 네 개의 어금니를 나열했더니 치아꽃 형상이 되었다. 이것은 또 치과의사의 섬세한 기술과 정교한 손놀림을 투영하듯 자개 장인을 찾아 제작하도록 했다. 치아 네 개가 모여 꽃처럼 형상화된 이 시그니처는 자개뿐 아니라 대리석으로도 가공하여 바닥에 수를 놓았고, 진료실 벽마다 한 폭의 난을 수놓기도 했다.

아이디어 정면승부

여느 치과에서 찾아볼 수 없는 이 공간만의 시크릿이 하나 더 있다. 치과 하면 떠오르는 날카로운 모터 소리, 직사각형 진료실, 주먹을 움켜쥐게 하는 통증 등 나는 환자로서 기억나는 싫은 경험을 개선하기 위해 작지만 섬세한 배려를 공간에 심었다.

모든 모서리를 없애리란 의도로 진료실이며 모든 벽면 모서리를 직각이 아닌 치아처럼 자연스러운 라운드 형태를 도입했다. 공사원가가 높아지더라도 치과 환경에 꼭 필요한 요소라고 확신했다. 그리고 오픈에 맞추어 진료 중인 환자에게 덮어 줄 무릎담요도 직접 제작해 드렸다.

이런 얘길 하면 내게 대단하다는 사람들이 꼭 있다. 그럼 난 꼭 이렇게 대답하곤 한다. 당신이라면 당신을 기다려 준 고객에게 이만큼도 안 하겠느냐고. 그것도 2년이나 말이다.

내가 고객에게 감동을 주는 것은 당연하다. 그런데 더 큰 감동은 내가 제공한 것 이상의 감동을 고객이 줄 때다. 매일매일의 병원 생활이 즐거워지고 있다, 환자들로부터 듣는 칭찬 때문에 너무 행복하시다는 원장님의 피드백. 이 이상 무얼 더 바라겠는가.

당시만 해도 나의 주력 분야가 컨벤션인지라 인테리어보다는 비상설 전시를 전문으로 하고 있었다. 그러니 웬만한 신뢰가 있지 않고서는 치과 공사를 맡기기가 쉽지 않은 결정이었을 게다. 게다가 전시 산업 특성상 매년 줄을 이은 스케줄만으로도 벅찬 시즌을 보내고 있었다. 그러면 보통 기다리기는 커녕 어서 다른 파트너를 찾는 게 당연하다.

이제는 왜 내가 고객이 기다린 만큼 실력 발휘를 다 했는지, 고객을 대신해 싸웠는지 이해가 될 법도 하다. 우연한 기회로 2003년부터 만 10년 동안 치과 관련 분야 전시를 해왔다. 내 고객의 규모는 매년 점점 확장되어 코엑스 내 전시 부스 규모로는 가장 큰 규모인 100 부스(약 330평) 규모까지 경험하게 되었고, 복층 구조 설계로 특별한 라운지를 제공하는 등, 이즈음이 나의 전성기라 해도 과언이 아닐 만큼 잘 나가는 시기이기도 했다.

마침 매년 치과 박람회를 지켜봐 온 원장님으로부터의 병원 리뉴얼 요청은 나의 탁월한 설계 능력과 남다른 기획을 눈여겨본 고객의 눈썰미도 한몫하지 않았을까? 나도 나지만 나를 만난 고객들의 파트너를 알아보는 안목도 인정할 만하다. 코엑스 치과병원은 특정 분야의 포트폴리오를 인정받아 고객이 기다려줘서 현실화시킬 수 있었던 대표사례가 되었다.

지금 어딘가에서 당신을 기다리고 있는 고객을 상상해보라. 내가 준비되어 있다면, 나를 기다리는 고객을 만나는 일은 너무도 당연하고 수월한 일이 될 것이다.

고객을 기다리게 하는 힘은 결국 실력이다. 반대로 실력이 없다는 것은 언제든 고객이 기다리지 않고 떠나버린다는 점이다. 고객을 기다리게 할 당신의 무기는 무엇인가.

03. 한계와 타협하지 말라
- 한화 L&C 편

❖

    한 장에 수 톤씩 되는 대리석을 다루는 일은 하고 싶다고 무작정 경험할 수 있는 일이 아니다. 한화 L&C에 제안서를 내기 위해 5년을 준비하고 기다렸다. 그동안 출품되는 전시관을 스터디하고, 자재를 이해하고, 최고의 결과물을 만들 수 있겠다는 자신감을 갖기까지 시간을 가지고 기다렸다. 2008년, 하이닉스반도체 전시관의 복층을 성공시킨 기억과 경험이 조금은 더 까다롭고 어려운 공법에 도전할 수 있도록 자신감을 더해주었다. 이번에는 대리석을 제대로 그리고 자유자재로 가지고 놀아보기로 했다. 그리고 드디어 제안할 수 있는 기회를 얻었다.

    대리석 하면 떠오르는 것은 대리석을 잘라 널찍널찍한 판재로 패턴을 이어붙이는 경우가 일반적이었지만 이 뻔한 디스플레이를 지우기로 했다. 경험치가 아닌 아이디어로 승부하는 것은 언제나 옳다. 나는 이전까지 대리석을 다뤄본 경험이 거의 없었지만 '아이디어'와 '기획력'으로 내게 없는 부분을 채울 수 있다고 믿었다. 내가 누군가. 아이디어의 달인 지니 아닌가.

'펜트하우스에서의 하루'라는 콘셉트로 지어진 전시관을 기획했다. 대리석으로 지어진 펜트하우스. 본 적도 없고 상상도 못 했을 펜트하우스가 목표였다.

사전 경험도 별로 없던 내가 경쟁 PT를 위해 한 일은 바로 각각의 장점을 지닌 두 가지 제안 모두를 완벽하게 준비하는 것이었다. 그리고 경쟁 PT에서 당당하게 우승했다.

보통은 메인으로 밀기 위한 1안에 집중하고, 선택의 여지를 주기 위한 전략으로 2안을 준비하기도 한다. 그러나 나는 두 가지 모두 1안이라는 마음으로 제안서를 준비했다. 그리고 무엇하나 부족하지 않게 최선을 다했다. 후에 들으니 두 가지 안을 놓고 어떤 안을 선택해야 할지 상당한 고민을 했다고 한다.

라운딩 처리된 유리 곡면의 미려함이 시선을 끌어들여 내부가 훤히 투과되는 효과로 마음을 사로잡은 2안과 외관에서도 대리석의 패턴들을 충분히 보여줄 수 있는 기본에 충실한 1안을 제안했는데 후자로 결정이 되었다. 두 가지 시안의 완벽한 기획이 된 경우 탈락된 안은 버려진다고 생각하는데 그렇지 않다. 언제든 소환할 수 있는 저축된 기획이 된다. 그러니 조금도 아쉬워 할 필요가 없다.

3D 시뮬레이션으로 제안한 1안과 2안

　제안서에 적용된 톤&매너가 자연스럽고 고급스러워 바로 적용
해도 좋으리라는 심사평을 들었는데 10여 종에 달하는 대리석 패
턴을 모두 꿰고 있었기에 주어진 당연한 결과였다.

　고객이 만족하는 완벽한 기획이 가능했던 이유는 우선 시안에
적용될 수십 가지 되는 제품들의 명칭을 완벽히 소화하고 누락 없
이 요소요소에 적용했기 때문이다. 명칭은 기획자가 숙지해야 할

　　　　　　　　아이디어 정면승부

가장 기본 중의 기본이다. 기획자가 제품의 명칭을 술술 꿰고 있음으로써 얻는 이득은 두말할 나위 없다.

거기에 대리석을 더욱 돋보이게 할 소재를 함께 배치했고 배경으로 삼을 음악 선곡은 물론 현장에서 실제 제공될 쿠키도 직접 준비했다. 이 모든 것이 100% 완벽하게 의도된 PT였다. 심사위원들이 직접 보고, 듣고, 맛보면서 자연스럽게 현장 분위기를 상상할 수 있도록 한 것이 성공 원인 중 하나다.

전무후무한 성공을 꿈꾸다

나는 타 전시관 기획자는 물론 그 누구도 상상 못 할 규모와 높이로 대리석 모델 하우스를 기획했다. 전시는 같은 공간에서 경쟁사들이 한꺼번에 경합을 벌이는 장이다. 그러니 일단 압도적이어야 한다고 생각했다. 전시는 뭐니 뭐니 해도 규모감 싸움이다. 예산 탓으로 규모감을 포기하는 것은 서 있는 사람 옆에 쭈그리고 앉아있겠다는 소리나 다름없다.

코엑스 전시장의 규정을 바꾼 한화 L&C 전시관

아이디어 정면승부

보통 전시장 높이는 평균 7미터에서 9미터 사이다. 전시장마다 환경에 따라 일정한 높이를 제한하는 게 일반적이다. 코엑스의 높이 제한은 최고 높이 7미터, 나는 당연히 이 높이를 꽉 채운 설계를 했다. 어떤 소재로 어떤 전시를 하던 전무후무한 결과물을 만들기 위해서는 '규모감' 싸움에서 이겨야 한다는 전략으로 전시관 최대 규정을 풀(Full)로 사용했다.

전시장 천정에 닿을 듯 말 듯 하게 최대제한 높이를 거의 최초로 구현한 내 디자인은 엉뚱하게도 십수 년 동안 유지되던 코엑스의 높이 제한 규정을 바꾸는 계기가 되었다. 기존 7미터의 높이 제한을 5미터로 낮추는 규정이 생긴 것이다. 덕분에 전시장 최대 규모로 구현한 유일한 전시관이자 전무후무한 기록을 남기게 되었다.

대리석의 지경을 넓혀라

대리석으로 해볼 수 있는 건 다 시도해 보았다. 정원석은 물론 대리석으로 거실 한가운데 체스판도 만들었다. 대리석을 일정 간격으로 타공하여 구멍을 낸 뒤 LED 빛을 투과시키고, 인조대리석의 다양함을 선보이기 위해 돌돌 말아 매끄러운 곡선의 샤워부스를 만들었다.

대리석을 패턴화시켜 잘라 선반을 조성한 뒤 로얄코펜하겐 회사와 콜라보하여 작품을 올려놓기도 했다. 우산꽂이가 되도록 구멍이 뚫린 의자 조형물을 만들고, 광투과 대리석으로 분위기 좋은 라운지 바를 만들었다. 세면대도 기존 도기가 아닌 인조대리석으로 라운드 처리된 조형물을 완성해냈다.

　펜트하우스의 꽃인 욕조도 만들고, 대리석이 깔린 테라스 정원도 조성했다. 대리석을 가공하는 전문가조차 처음 접하는 작업에 놀라면서도 열정을 쏟아주었다. 고급진 LED 타공 거실벽과 광투과 대리석으로 멋진 바(Bar)도 선보이니 분위기가 제법이었다. 대리석 아트월과 직접 만들어 선보인 철사 오브제. 대리석뿐 아니라 필요하면 다른 소품도 직접 만들어 공수했다.

이 모든 것을 현장에서 조립하는 데 주어진 시간, 단 3일! 모든 조형물과 판재는 미리 계산되고 사전 제작되어 현장에서 마감되도록 계획되었다. 좁은 공간에 여러 대의 크레인이 엇갈리며 작업할 때는 가슴을 졸였지만 준비하는 모두의 호흡이 잘 맞아 절묘하게 작업을 끝낼 수 있었다. 당시 한화 L&C 칸스톤의 모델이었던 김희선 씨가 방문했는데 브랜드의 격에 맞게 고급진 전시관을 조성하고 사인회도 할 수 있어 보람이 남달랐다. 그리고 내가 왜 '아이디어 고수 지니'라고 불릴 수 있는지 스스로 인정해 보이는 순간이었다.

전시 담당자는 잘해도 본전이라는 말이 있다. 그만큼 성공적으로 끝내기가 쉽지 않다는 얘기다. 나는 이번 전시로 파트너인 담당자들에게 성공한 전시 담당자라는 프라이드를 안겨줬다. 담당자들은 이후로 귀찮게 여기던 박람회 참가에 적극적으로 나서더니 내게 더 많은 프로젝트를 안겨줬다. 그 결과 미국과 중국 등 해외 박람회로 연결되는 기회도 얻게 되었다.

기존에 '경험하지 못한 경험'을 선물하기 위해 주어진 한계, 갖춰진 환경과 타협하지 않았기 때문에 전무후무한 성공을 거둘 수 있었다. 기회가 주어졌을 때 내가 선보였던 것은 자재가 아니라 '트랜드'였고 대리석의 지경을 넓히고자 했던 도전이 국내에서 해외로 뻗어나가는 계기가 된 것이다.

제한에 기죽지 말고 할 수 있는 최대치를 구현해 나가다 보면, 그리고 최고를 만들기 위해 고객 대신 최전방에 나서 모든 문제를 해결하다 보면 진짜 프로가 된다.

KBC(Kitchen & Bath in China) 2012 상해 전시관

아이디어 정면승부

KBIS 2010 라스베가스 전시관

04. 손톱만 한 반도체, 거목이 되다
- 하이닉스 반도체 편

❖

　20년간 전시 기획의 현장을 누비며 수많은 클라이언트를 만나면서 느낀 한 가지가 있다. 진짜 고객이 필요로 하는 것은 다른 경쟁자들과 확연히 차별화되는 자신만의 포지셔닝을 구축하길 원한다는 것이다.

　이 일을 하며 내가 가장 잘했던 것 또한 이 부분이다. 소비자의 뇌리에 고객의 존재를 명확히 포지셔닝 할 수 있도록 브랜드 전략을 구축하는 것. 그 전략에 맞게 공간을 기획하고 고객에게 다가가는 것.

　경쟁 PT의 경우 오리엔테이션을 거쳐 미션을 주는데 이번에 주어진 미션은 바로 하이닉스 반도체의 기업 슬로건인 '오래가고 좋은 회사'를 표현하는 것이었다. 이 미션을 받고 하이닉스 반도체가 진정으로 원하는 게 무엇인지 연구에 들어갔다.

　반도체 시장에서 입지가 탄탄한 회사, 확고한 자리를 잡은 뿌리

내린 회사라는 스토리텔링을 엮어 나가는 과정에서 업계의 '거목'이 되고 싶다는 열망이 느껴졌다. 그리곤 즉시 거목으로 보여질 고객을 생각하며 구체적으로 어떻게 형태화할지를 상상했다.

반도체 시장의 거목이 되고 싶다는 속마음을 그저 '오래가고 좋은 회사'라는 다소 평범한 문장으로 표현했던 하이닉스 반도체를 멋지게 업계의 거목으로 포지셔닝 할 수 있는 기회였다. 이게 바로 고객 스스로도 모르는 그들의 진짜 속마음을 읽고 그들의 브랜드를 정확한 과녁에 집어넣는 실마리가 되는 것이다.

높은 층고를 활용하여 경쟁사를 압도하라!

하이닉스 반도체가 업계 최고의 포지셔닝을 구축했음을 못 박기 위해 하나의 방점을 찍을 필요가 있었다. 그래서 경쟁사인 삼성전자에서도 시도하지 않는 리깅(rigging, 구조물을 모터와 밧줄을 이용해 천장에 매다는 작업 형태) 구조를 과감하게 채택했다.

상투만 튼 사람과 그 위에 갓을 쓴 사람의 차이는 크다. 키 차이는 물론 매무새 자체가 다르다. 특히 내가 택한 방식은 바닥 면적의 일부가 아닌 바닥 사이즈 그대로 천정에 들어 올리는 구조이기 때문에 마치 바닥에 선 관람객으로서는 커다란 거목을 올려다보듯, 우러러보는 각도가 그려진다.

'흔들림 없는 뿌리를 내린 듯한 거목 형상.'

머릿속엔 이런 이미지를 떠올리면서 즉시 스케치와 모델링에 들어갔다. 오래가고 좋은 회사를 '거목'으로 표현한다는 건 바로 끊임없는 성장을 한다는 의미이기도 하기에 위로, 위로 솟구치는 형상을 표현하기 위해 단층이 아닌 2층(복층) 구조를 계획했다.

마침 막 지어진 킨텍스 전시장의 환경이 2층 구조는 물론 전시장 천장부를 활용할 수 있는 리깅구조가 가능하다는 최적의 환경임을 알고 있었고(그래서 정보의 힘이 중요하다) 킨텍스 개장 이후 최초로 리깅을 실현한 회사가 되기도 했다.

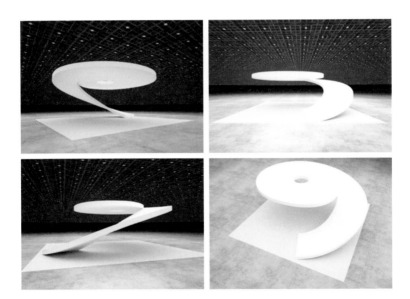

아이디어 **정면승부**

복층과 리깅구조는 전시장의 제한 높이를 뛰어넘는 것으로 높은 층고로 경쟁사를 압도할 수 있는 최고의 무기가 아닐 수 없다. 특히 성장이라는 의미를 담아내는데 높은 층고 활용은 최고의 전략이었다.

집 하나를 짓더라도 집만 보는 것이 아니라 그 지역의 환경을 파악하듯이 전시관도 마찬가지다. 그래서 공간적 특성을 고려하지 않고 기획을 하게 되면 그나마 얻을 수 있는 이점을 다 놓치게 된다. 그래서 나는 프로젝트가 클수록 추가적인 제안을 통해 선택의 폭을 다양하게 제공한다. 추가로 준비한 복층안은 그야말로 숨겨둔 무기가 되기도 한다.

첫 아이디어 스케치의 '느낌적인 느낌'은 정말 중요하다. 이때 느낌이 아니다 싶으면 빨리 판단해야 한다. 원했던 느낌이 나오지 않으면 즉시 버리고 어서 다른 시도를 해야 한다. 작업에 쏟은 시간이 아깝다고 붙들고 있다간 해결도 못한 채 시간에 쫓기게 된다.

첫 모델링을 테스트할 때는 굵은 매스(mass)감을 느낄 수 있는 큰 덩어리부터 확인하는 것이 좋다. 눈 앞에 펼쳐지는 숲의 현장감이 한 편의 광고 같은 느낌으로 나오자 삶을 풍요롭게 할 것 같은 기업 철학이 담긴 두 번째 기획안도 함께 준비할 수 있었다.

거목은 결국 크고 넓은 숲을 이루게 될 거니까 안정된 숲을 표현하고자 했다. 그리고 비행을 하며 위에서 바라본 숲을 구상했고 바로 또 모델링에 들어갔다.

그렇게 두 번째 기획안은 '오감만족 하이닉스'란 서브 타이틀로 푸른 숲을 시각화한 부스 외관(시각)과 숲에서 흐르는 자연의 소리(청각), 피톤치드 솔잎 향 분사(후각), 오설록의 녹차에 꽃향기가 어우러진 차(미각), 터치스크린을 활용한 이벤트(촉각)를 제공해 오감을 다 담도록 제안했다.

반전의 공간을 머릿속에 두고 보여지는 비주얼과 체험하는 공간을 만들어야겠다는 생각으로 기회가 주어졌을 때 과감하게 시도해 보는 것을 추천한다. 결과적으로 어느 하나로 결정이 난다. 그때 결정된 한 가지에만 집중하면 된다.

동시다발적이고 거침없는 상상의 토네이도가 내 머릿속을 휩쓸고 지나간다. 그 순간에 떠오른 스토리는 이렇다.

'거목은 물이 생명이지. 물의 근원, 그래 연못을 품자. 그래! 연못은 Led 연못이면 좋겠다. 이곳을 지키는 여신이 있으면 좋겠네? 그렇다면 고대 그리스의 비너스상을 소환하자! 이 여신들은 손톱만 한 반도체에 기억된 고대의 유물이 살아난 거야. 여신은 반딧불이 나는 갈대숲에 신비롭게 서 있어! 이 속에서 빠져나오면 우

린 커다란 나뭇등걸에서 빠져나와 전체를 바라보는 판타지 같은 시각을 조감하겠지. 거목은 작은 나뭇가지로 연결되며 성장을 이루지. 이는 뻗고 뻗어서 위로, 위로 향하고 있어. 오르막길을 걸어 오르면 하늘에 닿을 것 같아. 나무 위에서 시원한 바람을 맞는 기분일 거야.'

이런 식으로 계속 중얼중얼 마음껏 스토리를 풀어갔다.

상상의 나래를 펼쳤다, 접었다, 공간 아래위로 이착륙을 반복하며 감성적일 땐 충분히 감성적이게, 냉정할 땐 냉정하게, 열탕과 냉탕을 오가는 일을 반복하다 보면 비현실적인 것은 덜어 내지고 현실 가능하고 고객에게 설득력 있는 것만 살아남게 된다.

다행히도 나의 이런 엉뚱한 상상을 이해하고 공감해주는 고객의 신뢰가 있었기에 진짜 현실로 실현할 수 있는 기회를 얻게 되었다. 고객이 상상하지 못했던, 그러나 그림이 그려지는 재미있는 스토리에 공감을 얻은 이후에는 진행 상황을 꾸준히 실시간으로 공유하며 수정 보완하는 과정을 거쳤다. 지켜보던 클라이언트들도 오래가고 좋은 회사라는 철학이 공간에 풀어지는 과정을 지켜보면서 놀라워하며 자신의 회사에 대한 가치를 다시 깨닫는 계기와 엄청난 자부심을 갖게 되었다고 피드백을 해 주었다.

전시장의 리깅 및 복층구조는 먼저 도면과 시뮬레이션으로 구조 안전 심사를 거치게 되어있다. 이것을 통과해야 설치가 가능하다. 그래서 시간이 촉박한 경우 무리하게 진행해선 안된다. 클라이언트가 촉박하게 요구하더라도 항상 안전이 우선이다.

천정에 리깅 작업이 먼저 선행되어야 아래쪽 작업이 가능하다. 한번 들어 올려진 다음엔 마칠 때까지 하강시킬 수 없기 때문에 전

기테스트 등 사전 점검을 철저히 마친 후라야 들어 올릴 수 있다.

그리고 신의 한 수였던 마감! 거목의 하이라이트는 이 마감이었다.
굴피라고 불리는 참나무 껍질을 국내에서 공수할 수 있는 곳이
라면 전국을 뒤져 다 끌어모았다. 어마어마한 양이었다. 정말 거
목 한그루에서 나올법한 양 이상의 물량을 공수했다. 물량과 규모
감에 입이 떡! 눈이 휘둥그레지는 경험! 나는 이런 걸 자주 노렸다.

참나무 굴피로 마감된 전시관 외벽

통상 전시관에는 전시관 관람을 돕기 위한 안내 도우미들이 상
주한다. 나는 도우미의 존재를 지우고 싶었다. 모두 자릴 비워도
그 자리를 채울 비너스 전신상을 세웠다. 안내를 도울 도우미들은
여신으로 변신시켰다. 전시관이 오픈하자 여신들 곁에서 수줍고
상기된 모습으로 설명을 듣는 IT업계 젊은 남성들로 인산인해를
이루었다.

아이디어 정면승부

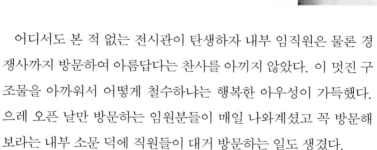

어디서도 본 적 없는 전시관이 탄생하자 내부 임직원은 물론 경쟁사까지 방문하여 아름답다는 찬사를 아끼지 않았다. 이 멋진 구조물을 아까워서 어떻게 철수하냐는 행복한 아우성이 가득했다. 으레 오픈 날만 방문하는 임원분들이 매일 나와계셨고 꼭 방문해 보라는 내부 소문 덕에 직원들이 대거 방문하는 일도 생겼다.

심지어 전시관을 그대로 다른 곳에 옮겨 놓자는 의견까지 나왔다. 지게차로 떠서 다른 장소로 고스란히 옮겨 놓자는 얘기까지 오갈 만큼 행복한 현장이었다. 이후로도 이런 일 들이 간간이 있었는데 그때마다 나는 그만한 찬사가 또 어디 있을까 싶어 진심으로 감사한 마음이다.

나는 지금까지 그 어디에서도 이와 같은 구조물을 본 경험이 없다. 2007년도의 작업이라 하기엔 감각과 공법이 현재에 전혀 뒤지지 않는다. 그만큼 구조적으로 대담하고 품고 있는 스토리와 소재의 섬세함이 살아있는 작품 같은 전시관이었기에 내 전시 인생의 방점을 찍은 포트폴리오로 기억된다.

세상에 다시 없을 원형 복층 구조물은 그렇게 상상에서 시작되어 3일간을 거목처럼 서 있다가 시간 속으로 사라졌다. 아무리 멋진 구조물도 사나흘이면 존재감을 다하고 현장서 사라지는 일을 나는 사진과 동영상으로 자료를 남길 뿐이다. 이때도 어김없이 오픈 현장과 철수하는 순간을 동영상으로 담았다.

이 기록이 아니었다면 그날을, 또 나를 어떻게 증명할 것인가. 결국은 기록이 답이다. 이 기록도 손톱만 한 반도체에 담겨 지금 나를 증명하고 있다.

아이디어 정면승부

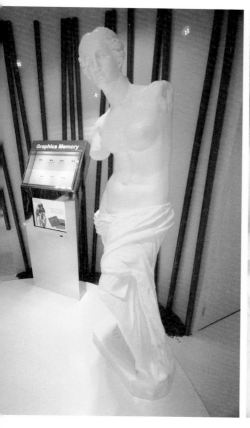

05. 어벤져스의 힘

- 신세계이마트 편

❖

　지금의 나로 성장하기까지 나의 노력 이상으로 내게 성과를 올릴 기회를 준 몇몇 기업들의 공은 결코 작지 않다. 기억되는 몇 개의 프로젝트 중 신세계 이마트 사례를 들어본다.

　사회공헌사업의 일환이든 친환경 활동이든 신세계, 이마트, 스타벅스는 특별히 많은 사회적 노력을 기울여 왔는데 윤리경영을 실천하는 이 기업에게 나는 늘 기대치 이상의 '하이라이트'한 성과를 안겨주려 애썼다. 결과적으로 '어벤저스'라는 별명을 붙여 준 대표 기업이 되었다

　어떻게 매번 '와우' 하는 성과를 만들어냈을까?

　어디에서건 컨테스트를 하면 늘 최고가 되도록 도와주었고, 그해에 '최고'라 했던 사람들은 다음 해가 되면 다시금 올 해가 '최고'라며 칭송했다.

　어떤 재료(휴지심이나 폐품)를 선택하든 기업 로고를 표현하는데 자율권을 인정해주었다..

　기대치 않았던 오브제를 만들어 제공하니 고객은 만족을 넘어 감동을 경험한다고 했다.

　　　　　　　아이디어 정면승부

나를 전문가로 인정하는 기업의 신뢰가 결국 '와우' 할만한 결과
를 만든 셈이다.

구(舊)로고로 만든 신(新)로고
매장 리뉴얼시 발생한 폐싸인/자재를
재활용하여 만든 로고(이마트 평촌점)

아이디어 정면승부

신세계 엠블럼은 다섯개의 꽃잎으로 구성되어있다. 그것에서 모티브를 얻은 구조체를 구현하기 위해 스스로에게 미션을 던졌다. 합판으로 축구공 같은 구를 만들 수 있을까?

엠블럼을 구성하는 꽃잎을 입체적으로 구성하기위한 '합판을 공처럼 말기'를 여러 번, 일명 가다뜨기(레이저로 본뜨기)만도 수차례를 시도하며 마침내 새로운 공법을 시도함으로서 협업한 목수를 목수의 최고 경지로 끌어올릴 수 있었다.

또 원활한 소통을 위해 어려운 부분은 즉시 모형을 제작해 공유함으로써 목공소장님이 최고의 퍼포먼스를 낼 수 있도록 했고, 구조가 완성되자 목수로서의 자부심은 배가 되었다.

결국 함께 하는 사람들의 기존 성과를 한층 업그레이드 될 수 있도록 도왔다

나를 어벤져스라 하는 고객이 있다면 내게도 어벤져스가 있다. 이것이 진정한 파트너다. 약속한 것을 이루어내는 파트너에게 어벤져스라는 이름은 최고의 찬사가 아닐 수 없다.

모형으로 만들어 소통하고 탄생한 결과물.

　　　　　　아이디어 정면승부

매 순간 하이라이트한 결과를 만들면 현재의 고객을 만족시킬 뿐만 아니라 지켜보는 다른 사람들까지도 감동시킨다. 이마트의 결과물을 보고 인연이 된 삼화페인트가 그런 예다.

프랑스 영화감독 로베르 브레송은 이렇게 말했다.

"당신이 아니라면 보여주지 못했을, 자기 자신만이 할 수 있는 작품을 보여주세요." 라고.

잘 팔리는 레이아웃은 따로있다.

이마트와 소상공인 진흥공단이 대한민국 전통시장의 우수상품을 개발하고 알리기 위한 일환으로 박람회를 개최하게 되었다. 내게 미션이 온 시점은 이미 좀 진행된 상태였는데 상황은 이랬다. 전국에서 소문난 전통시장상인들을 유치했고, 이를 성공적으로 이끌고 싶은 의욕이 남달랐던 터에 진행되고 있던 레이아웃은 썩 매력적이지 않았단다.

눈에 잘 띄고 싶고 잘 팔기 위한 상인들의 자리배치에 대한 욕구와 관람객이 모든 상품을 빠짐없이 둘러보도록 배려한 동선 배치라기엔 조금 더 고민이 필요해 보였다.

전시컨벤션의 역사를 통틀어 약 30년간 유지되어 온 틀에 박힌 레이아웃, 즉 사각 교차로가 있는 수직, 병렬 형태의 막대바 같은 모습을 쉽게 떠올릴 수 있다.

심지어 백화점 내부에 들어선 판매대들도 나래비(?)로 세워져 있는 것을 쉽게 확인할 수 있다.

    균형잡힌 체형을 가진 사람의 옷태가 보기좋듯이, 내가 중점적으로 해결하고 중요하게 다루는 부분이 바로 기본 배치, 좋은 레이아웃이야말로 모든 작업의 핵심이다.

    나는 나름 신평면이라고 불린 기존의 틀을 깨는 레이아웃을 선보였는데 누가 어느곳에 배치되어도 고객의 동선이 자유로워 더 많은 상품을 경험하고 덩달아 매출이 오르는 성과를 경험했다.

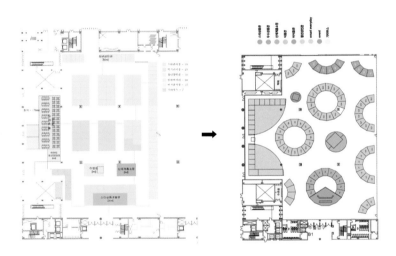

직선에서 원형으로 변신한 레이아웃

    커다란 운동장이 있다. 직선트랙을 걸을 때와 원형 트랙을 돌 때의 시야를 한번 상상해 보자. 라운딩 곡면을 따라 자연스럽게 흐를 때 더 많은 것들이 시야에 들어온다. 이 뿐인가, 원형의 지름이 확대되면 외곽의 호길이는 길어져 더 많은 배치를 적용할 수도 있고 덩달아 도넛츠처럼 내부 중앙쪽으로 작은 원형공간이 탄생한다. 안쪽에 조성된 원형 공간은 자연스럽게 탄생한 보너스 같은 공간으로 때로는 참가사의 휴게공간으로, 상담공간으로, 창고로 쓰여지기도 하고 상주자들이 잠시라도 앉아 피로를 풀 수 있는 또 하나의 히든공간이 되었다. 종일 현장의 피로를 안고 서있는 사람과 틈틈이 히든공간에서 재충전한 사람의 고객 응대는 매출증대로 이어질 수 밖에 없다.

매출에서 자유로울 기업은 없다. 예민하게 고민하고 해결한 솔루션이 바로 잘 팔리는 레이아웃을 제공했다는 점이다. 그러니 이제 잘생긴 레이아웃을 연구해 보길.

중국의 장강은 재보진 않았지만 폭이 상당히 넓다고 한다. 장강을 들여다보면 아주 천천히 흐르는 강 같지만 한 가운데 물줄기는 그 유속이 무척 빠르다고 나의 사수께서 20년 넘게 한결같이 이야기했다. 같은 시대를 살아가도 물가의 저속 물결이 될지 장강의 한 가운데 물줄기가 될지 스스로 결정해야 하는데 우리가 바로 그런 사람이라고 강조해 왔다. 나는 어느순간 장강의 한 가운데 물줄기가 되어 조금은 앞서 물밀듯 헤쳐 나가는 자리에 서 있는 것을 자주 경험 해왔다.

고객보다 더 설렐 수밖에 없어요. 저도 처음 해보는 거니까.

2018년 11월 하남 스타필드 현장에서, 이마트와 소상공인진흥공단, 중소기업진흥공단이 전통시장 청년상인을 위한 스타상품 프로젝트가 펼쳐졌다. 정작 현장이 지어질 때 이마트 실무자에게 "저도 이런것 처음해봅니다." 하니 깜짝 놀라는 모습을 보였다.

그리곤 "우리 항상 그래왔잖아요" 하고 웃었던 기억이 난다. 하남스타필드에서 내 인생의 최고 높이 22미터에 도전했었던 프로젝트였는데 스타필드 관계자분들도 이런 규모는 처음 본다며 신기해 했다. 4일 낮밤을 지새며 너무 높은 높이 때문에 살떨리게 긴장했던. 그러나 처음이어서 더 설레었던 프로젝트다. 나는 이렇게 기존에 없던 최고의 퍼포먼스를 보여주는 것에 전율을 느낀다. 앞으로 또 새로운 미션이 주어졌을 때 무엇이 탄생할 지 스스로도 정말 기대가 된다.

아이디어 정면승부

아이디어 정면승부

06. 기업의 미션을 승화시켜라
- 스타벅스 편

❖

    스타벅스와 서울시? 무슨 조합이지? 게다가 커피 회사가 꽃을 주제로 한 행사를?

    기획자로 살다 보면 기업으로부터 언제 어떤 미션을 받게 될는지 알 수 없다. 고객은 그들이 원하는 가치가 충분히 드러날 때 진정한 프로라고 인정한다. 하지만 이번 프로젝트는 조금 난감하게 시작됐다. 게다가 주제인 커피와 꽃은 자칫 각자의 향기가 서로에게 방해가 될 것만 같은 조합이다.

의외의 조합으로 스토리를 만들어라!
    이번 미션이 주어졌을 때 나는 커피 회사 스타벅스가 꽃을 피우는 행사와 무슨 연관이 있는지 행사의 의미를 명확히 짚어야 했다.
    새로운 아이디어가 필요할 때마다 품 안의 지갑처럼 꺼내 쓰는 도출법이 있다. 조합하고 분해하기! 의외의 것들을 조합하고, 분해해보면 엉뚱하면서도 조화로운 결과물이 탄생한다.

아이디어 정면승부

먼저 눈에 띄는 것 아무거라도 연결해본다. 공통점이라곤 전혀 없을 것 같은 조합으로. 이를테면 스마트폰과 열쇠, 종이와 장갑, 사인펜과 액자. 이런 식으로 연관이라곤 전혀 없는 주변 사물을 다 갖다 붙여놓아도 생각의 조합과 분해를 반복하다 보면 의외의 닮음을 찾아 새로운 의미를 부여하게 되는 그야말로 신박한 인사이트를 경험할 수 있다.

아이디어는 생각의 양에 비례하므로 항상 '상상하는 습관'을 들이면 머릿속에 기발한 것들이 스치는 경험을 하게 되는데 그 찰나를 캐치하는 훈련을 할수록 상상이 현실이 되는 경험을 맛볼 수 있다. 주위의 사물들을 연결해보자. 의외의 조합이 생각보다 멋지게 재탄생하는 경험은 당신 것이다.

우선 스타벅스는 엄청난 양의 일회용 컵과 커피 찌꺼기를 배출하고 있다. 그런 스타벅스가 공적 책임감을 느끼고 할 수 있는 사회공헌활동은 무엇이 있을지 깊이 고민하지 않고도 가장 먼저 환경과 밀접한 관련이 있음을 알아챌 수 있었다.

조합시켜야 하는 꽃을 배제하고라도 스타벅스가 가진 문제를 먼저 분석해보면 솔루션을 쉽게 찾을 수 있었다. 이미 기업 스스로 환경에 관한 부담감을 가지고 있었고, 이를 사회공헌활동 등으로 조금이나마 덜어낼 방법을 찾고 있는 것으로 파악했다.

아이디어 정면승부

그래서 찾은 솔루션은 보여지는 행사를 치르느라 또다시 폐기물이 나오지 않도록 재생할 수 있고 친환경적인 소재들을 사용할 것, 이것이 내가 기획자로서 나에게 준 첫 번째 미션이었다. 멋진 행사를 위해 폐기물을 만들어내는 기획은 배제하자는 생각이 가장 먼저 들었다.

그래서 등장한 시킨 것이 나무 팔레트와 종이 관(지관)이었다. 이것은 재활용되기도 하고 폐기를 하여도 환경적으로 큰 부담이 되지 않는 소재였기에 우선순위로 픽업 리스트에 올려두고 기획에 들어갔다.

평소 시청 광장 앞을 지날라치면 어김없이 등장하는 백색 몽골 텐트를 보며 '나라면 저런 소재 쓰지 않을 텐데…' 라는 생각을 해왔었다. 게다가 빙 둘린 텐트 벽이 세상과 광장을 단절시켜 마치 그들만의 축제로 느껴졌기에 내겐 더없이 적절한 아이디어였다.

또 고객사의 이미지에 맞는 텀블러를 배포하는 행사도 기획안에 들어 있었지만 그것만으로는 2% 부족하다고 느꼈다. 매일 쏟아지는 커피 찌꺼기를 배양토로 재탄생시켜 꽃을 심은 다음 시민들이 가지고 온 종이컵과 꽃을 교환해주는 행사를 기획했다.

거기에 하나 더, 상징적인 작업을 만들어내고 싶었다. 그래서 떠올린 것이 커피 찌꺼기를 활용한 샌드아트였다.

아이디어 정면승부

부드러운 모래가 아닌 까만 커피 찌꺼기로 만든 샌드아트. 생각만 해도 기발하지 않은가. 당장 샌드아티스트 최지훈 작가를 섭외했다. 작가는 처음 시도해본다는 커피 찌꺼기를 이용한 샌드아트 작업을 흔쾌히 수락했다. 그러나 사전 연습은 어려운 상태. 행사 하루 전 시청 인근 매장 여러 곳을 돌며 수거한 커피 찌꺼기를 현장에 붓고 동이 트기까지 밤새 세이렌 로고를 멋지게 빚어냈다.

커피 찌꺼기로 재탄생시킨 세이렌 로고 샌드아트 작품과 지판을 활용한 벤치
- 샌드맨 오브 코리아, 최지훈 작

커피 찌꺼기에 물을 뿌려가며 고군분투하던 작가는 커피 향의 각성효과 덕분인지 날밤을 새워 작업하고도 작품 앞에서 너무도 해맑게 웃고 있었다. 샌드아트는 시청 앞을 빙 둘러 줄을 선 참관객이 지루하지 않을 만큼 흥미로웠고 대히트였다. 그리고 커피 찌꺼기는 행사를 마친 후 다시 농장으로 보내 배양토로 변신시켰다. 이보다 친환경적인 작업이 또 있을까.

꽃을 주제로 한 푸른 잔디광장과 어울리도록 친환경 소재인 지관, 지판, 스프러스 목재, 팔레트를 사용했다. 커피 찌꺼기 1톤가량과 버려진 플라스틱 컵을 재활용해 식물을 심었다. 사용 후 회수한 종이컵으로 글자를 만들어 메시지를 전했고, 꽃과 함께 텀블러를 나눠주는 일련의 과정들이 너무도 조화롭게 행사를 이끌었다.

아이디어 정면승부

사회공헌사업이니만큼 잔디 광장을 오픈하고 함께 공유하는 것이 '꽃으로 피다'라는 주제를 표현하는데 의미 있다고 판단했던 것이 맞아떨어진 데다 꽃보다 아름다운 사람 꽃으로 둘러지니 그보다 더한 장관이 없었다. 건너편 호텔에서 내려다볼 기회가 있었는데 이또한 큰 감동이었다.

그리고 가장 공을 들인 것은 꽃 케이크다. 스타벅스의 머핀 같은 디저트를 떠올리며 꽃을 채우니 온전한 꽃 케이크가 되었다. 채워지고 또 비워져도 온전한 이 조형물은 종이 지관을 꼽아 만들었다.

잔디광장과 어울릴만한 오브제로 이만한 게 없다고 느껴질 만큼 소재 선택은 신의 한 수였다.

마감 시한을 목숨처럼 지켜라!

오픈까지 주어진 10시간 동안 한시도 쉴새 없이 밤새 이어진 게릴라 공사였다. 4월의 서늘한 밤공기는 동이 트자 새벽이슬을 만들어냈고 덕분에 갈비뼈까지 오들대던 기억은 지금도 생생하다. 개방된 공공장소인 덕분에 턱없이 짧은 시간과 추위를 감수할 수밖에 없었다. 그렇게 무사히 오픈을 해냈다.

일을 하다 보면 충분하지 못한 시간에 쫓겨 피곤해서, 아파서, 피치 못할 사정이라는 이유 등으로 결과를 내지 못하고 그르치는 경우가 있기 마련이다. 어떤 상황에도 불구하고 약속한 퀄리티를 내는 것은 당연하며 그 이상으로 중요한 것은 약속된 마감 시한을 지켜내는 것이다. 비즈니스의 모든 분야에서 지켜져야 할 절대가치가 바로 '마감 시한을 지키는 것'이다.

당신이 어떤 일을 하든 목숨을 걸고 데드라인을 지키고 있다면 아마도 그 분야에서 핵심 임무를 수행하는 사람이라고 확신한다. 마감 시한을 목숨처럼 지킨 당신에게 신뢰와 인정이 함께 주어질 것이다.

'서울, 꽃으로 피다'를 통해 스타벅스가 전하고 싶은 메시지는 무엇이었을까? 시민들이 모아온 종이컵으로 메시지를 만들어 전달하고 지구환경을 지키기 위한 약속을 하는 것이 이 행사의 핵심이었다. 친환경 소재의 컵과 빨대, 컵 홀더를 쓰게 하고, 개인 텀블러를 이용하면 가격을 할인해 주면서 스타벅스가 고객에게 전달하고 싶은 것은 '건강한 지구'를 지키자는 것이었다.

　스타벅스를 즐기는 사람들에게 커피를 통해 삶을 즐기는 것을 넘어 건강한 지구를 지키는 것에 동참한다는 기분을 느낄 수 있게 하는 기업이기에 사랑받는 것이라 생각한다.

　'서울, 꽃으로 피다' 프로젝트를 마친 뒤 얼마 지나지 않아 나는 스타벅스 매장 주위를 아름답게 조성하는 가드닝을 맡기도 했다. 이때 가드닝의 아이콘이 된 또 하나의 오브제가 탄생했는데 종이컵을 모티브로 한 대형 화분이다.

내가 기획하고 만들어 낸 것을 통해 기업이 고객에게 전달하고 싶은 것을 충분히 전달했으며, 행사가 끝난 뒤 남겨지는 폐기물을 가장 적게 남겨 환경을 조금이라도 보호한 나 스스로도 만족함을 얻은 프로젝트였다. 끝날 것 같지 않던 현장이 어느새 오픈 준비를 끝낸 모습을 보며 감동해 주는 고객에게 힘을 얻어 밤샘을 마다치 않고 달린 내게 어깨를 토닥토닥 셀프 칭찬을 해본다.

클라이언트가 지키고 싶어 하는 사회적 약속은 무엇일까? 지금 그것을 온전히 표현하고 전달하고 있는가? 늘 자신에게 질문해야 한다. 종종 왜 이렇게 열심히 일하느냐는 질문을 받고는 한다. 그 이유는 하나다. 내게는 수십 건의 프로젝트 중 하나일 수 있지만, 고객에게는 딱 한 번 있는 너무나도 중요한 프로젝트이기 때문이다.

그 '단 한 번'인 고객의 행사가 약속 이상의 것이 되게 하기 위해서는 최선을 다해야 한다. 실수하면 고객의 소중한 기회를 날려버릴 수 있기에 막중한 책임을 느끼고 늘 긴장해왔다. 그렇게 약속을 지켜내는 나에게 고객은 절대 배신하지 않는다.

때로는 고객이 요구하지 않아도 필요하다고 판단되면 실행에 옮기는 일이 종종 있다.
페스트로우로 만든 엠블럼이 그런 경우다.

최근엔 플라스틱 스트로우 대신 종이 빨대가 등장했으니 오랜
시간이 흐른 뒤 추억할 수 있는 가치로운 조형물이 되지 않을까?

로고로 재탄생한 스트로우

매장에서 발생한 폐스트로우
재활용하여 제작한 로고

07. 모든 것을 보여주고 싶어하는
고객의 마음을 읽는 법
- 삼화페인트 편

❖

질문 하나 하고자 한다. 자신을 뽐내고 싶을 때가 있다. 그럴 때는 어떤 마음이 드는가?

알아서 인정해주고 자세하게 나를 알아주면 좋겠는데…… 이런 마음이 들 때가 있다. 내 입으로 표현하기보다 상대방, 제3자가 나에 대해 인정해 줄 때, 더욱 신뢰를 얻는다.

그럼 실제로 자신의 모든 것을 보여주고 싶다면 적어도 나의 모든 것을 보여주기 위한 자신감 먼저 장착해보자.

자신감이 충만한, 뭔가 제대로 보여주고 싶어 했던 고객의 사례를 들어본다. 바로 대한민국 산업화에 한 획을 그었다 해도 과언이 아닐 만큼의 업력을 가진 76년 차 도료회사 삼화페인트다.

알고 있는 도료회사로는 삼화페인트, KCC, 노루페인트, 조광페인트 정도가 있다. 이 기업들의 순위는 잘 모르지만 삼화페인트를 만났을 때 당연히 고객에 대한 애정과 열정으로 임하기 때문에 나의 역할은 삼화페인트가 업게 최고라는 인식을 심어주는 것이었다.

친환경 박람회에 출품한 이마트 전시관을 보고 찾아온 기업이

아이디어 정면승부

바로 삼화페인트였다. 좋은 파트너를 발굴하고자 했던 노력과 실행이 실제로 자신의 기업과 프로젝트를 얼마나 성공적으로 이끄는지를 보여주는 좋은 사례라 짚고 넘어가려한다.

삼화페인트는 2015년 경향하우징페어에 출품하게 됐고 이 프로젝트를 위해 여러 회사들에게 동일한 오리엔테이션을 했다. 이때 자세히 알게 되었는데 단순히 DIY용 또는 건축용 도료를 넘어서 철강, 선박, 다리, 심지어 우리가 쓰는 스마트폰까지 그 사업 범위가 굉장히 다양했다. 대개의 기업들이 그렇지만 보여주고 싶은 게 너무 많아서 잘 캐치해서 듣지 않으면 무엇을 하고 싶은 것인지 헷갈릴 정도였다. 이때 우리는 고객의 니즈를 잘 읽어야 한다.

먼저 미션을 받을 때 이런 관점으로 봐야 한다. '나에게 원하는 게 뭐지?'가 아니라 '그들이 원하는 게 뭐지?'이다. 비슷한 어감이지만 절대 다른 관점이다. 나에게 뭘 원하는지는 내가 뭘 보여줘야 하는 부담이 있지만, 그들이 원하는 게 무엇인지를 듣게 되면 그들이 진짜 원하는 필요가 고스란히 느껴진다. 나는 부담을 갖는게 아니라 그들에게 도움을 주는 사람으로 역할이 바뀌게 된다. 내가 도움을 줄 존재라고 생각하면 그 자체로 즐겁게 일할 수 있게 된다. 관점을 바꿔 볼 필요가 있다.

삼화페인트라는 기업은 무척 오래된 기업이다. 2015년 당시

70주년을 코앞에 두고 있었다. 누적되어온 업력만큼 정말 보여줄 것, 이야기할 것들이 많았다. 그래서 많이 들었다. 경청해야 했다. 왜냐면 늘 이야기하듯이 정답은 고객이 들고 있기 때문이다.

고객의 소리에 귀를 기울이면 그 과정에서 고객은 수많은 생각의 화살을 쏘아 올리게 되는데 이 안에 정답이 있다. 우리는 쏘아 올린 생각의 화살 중에서 현실화할 수 있는 것만 추리면 된다. 이것을 실현하는 작업만 하면 끝나는 것이다. 어렵게 생각하지 말자. 어차피 우리는 본능적으로 자신이 해결할 수 있는 것만 낚아채기 때문이다.

여기서 캐치할 것은 모든 것을 보여주고 싶어 하는 고객을 접할 때 고객이 가장 강조하는 것만 집중적으로 파고들어도 성공확률이 80%는 넘는다는 것이다. 오랜 업력이 있지만 그들 눈에는 뻔해 보이는 것들을 그들이 생각지 못했던 방법으로 엣지있게 보여주거나 이것을 좀더 대단하게 보여주기를 원한다.

여기서 범하는 오류가 있다. 고객이 많은 화살을 쏠 때 과녁에 들어오는 것은 내가 해결할 수 있는 영역이어야 한다. 이것만 잘하면 되는데 내가 먼저 해결하려고 이런 것 어떠냐 저건 어떠냐 다시 상대방에게 화살을 쏘아 올리는 상황이 바로 오류에 빠지는 미스 커뮤니케이션의 지점이다. 이런 상황에 빠져 서로 각자의 의견만 쏟아내는 경험과 시행착오를 적지 않게 경험했을 것이다. 나도 많았다. 오류들을 경험하고 시행착오를 겪으며 이렇게나마 전할 수 있게 되었다.

전에는 집을 짓더라도 보통 건축업자를 찾았다. 지금은 자신의 가치관과 삶의 패턴을 충분히 공유한 다음에 이것을 잘 이해하고 마음이 통하는 파트너를 찾는 시대가 되었다. 이렇게 보여주고 싶은 것이 많은 고객의 마음을 읽고 해결하는 방법은 따로 있다.

업력이 오래된 기업은 하나의 프로젝트에 집중하기보다 골고루 과거, 현재, 미래의 비전까지를 다 담아내기를 선호한다. 그것들이 있는 그대로 보여지기보다는 조금은 세련되게 재해석되어지고 새롭게 보여질 때 고객 스스로 업계 최고라고 인식하게 된다. 내가 풀어낸 것은 일차적인 니즈를 소화해내고 그 다음 2, 3차원적인 솔루션을 해결하는 방법이었다.

실제 삼화페인트는 아파트 외벽의 페인트, 주차장 녹색 바닥 마감재, 시공 장비, 옥상 방수페인트, 카페에 많이 사용하는 에폭시 바닥재, 빈티지스러운 시멘트 질감의 페인트, 부식효과를 내는 메탈 소재, 목재용 오일 스테인, 친환경 수성발수제(벽에 물이 스미지 않는 발수제) 등 정말 다양함을 가지고 있었다. 이 다양함을 여실히 보여주기 위해 실제 이런 요소, 장소성을 가진 공간들을 모두 연출했다. 집 한 채를 통으로 지었다고 보면 된다. 모델 하우스는 보통 몇 달 동안 짓는데, 이 많은 요소를 다 가진 집 한 채를 3일 만에 지었다. 물론 사전제작을 통해서 조립과 디스플레이에 걸린 시간이다.

보여줄 건 다 보여줬다. 그런데 빠진 게 있다. 무얼까? 감동 한 스푼이 빠졌다. 이렇게 뻔한 것들만 보여줘서는 안 된다고 생각했다. 그래서 인상적인 시그니처가 될 오브제를 기획했고 이것의 소재가 될 것들을 유심히 찾았다. 정작 삼화페인트에서 제조되는 재료는 아니었지만 보기만 해도 이 회사의 정체성을 드러내게 하는 소재. 바로 다 쓰고 난 페인트 붓이었다.

아이디어 정면승부

나는 페인트회사의 작업과 비례해서 쓰여지면서 또한 쓰레기로 버려지는 것이 불편했다. 한번 쓰면 다시 쓰지 못하는 붓, 다양한 색을 입었기 때문에 폐붓이라도 너무 예뻤다. 이것들을 모았더니 너무 멋진 오브제가 되었다. 최근에도 본사 쇼룸에 옮겨져 전시되고 있다. 뿌듯하고 대견하다.

이게 끝이 아니다. 에폭시 바닥재와 메탈릭 페인트, 빈티지스러운 시멘트 벽으로 마감된 카페를 조성했다. 그 카페에 쇼케이스 냉장고를 놓고 그곳에 페인트를 넣어서 디스플레이를 했다. 그리고 부식 철판으로 메뉴 보드를 만들고 페인트 종류를 소개했다.

폐 페인트 깡통을 매달아 조명으로 썼다. 당장 오픈해도 손색없을 만큼의 완벽한 카페를 연출했다. 실제로 지나던 관람객이 들어와 메뉴를 묻는 헤프닝도 있었다.

삼화페인트가 가진 실력을 미래의 잠재력으로 풀어내기 위해 AR을 적용하기도 했다. 미래지향적인 비전을 담기 위해 IT 기술을 적용했다. 스마트폰으로 페인트가 칠해진 문을 비추면 페인트 도구를 가지고 나타난 도우미가 원하는 컬러로 바꿔 주는 컬러테스트가 가능하게 했다. 모델 하우스 곳곳을 비출 때마다 더 많은 세상이 열리도록 AR과 증강현실을 잘 활용한 예로 기억한다.

또 벽지 위에 칠할 수 있는 친환경 페인트를 모델 하우스 요소요소에 적용했다. 내부 벽면에 바르면 정육면체 몇 부분밖에 못 보여주게 된다. 그래서 갤러리의 작품처럼 크고 작은 캔버스를 준비하고 다양한 색의 페인트를 칠해 다양한 레이어 기법으로 다양한 컬러를 선보였다. 아이 공간에 적용된 스케치 페인트는 아이들이 낙서하느라 자리를 뜨지 못하기도 했다.

곳곳에 신경을 쓴 덕분에 인위적인 공간의 모델 하우스라기보다 집처럼 편안하게 느껴져서인지 관람객들은 정말 오랫동안 머물고 공간을 즐겼다. 그 결과 홈앤톤즈(자회사)를 방문한 방문객들과 자연스러운 상담이 이뤄지고 실제로 자신들의 집에 칠할 페인트를 주문하고 받아가려고 대기하는 사람들이 많았다. 조색기라는 장비를 설치해 원하는 컬러를 현장에서 바로 조색해주는 서비스를 했기 때문이다.

고객이 보여주고자 하는 것들을 그대로만 나열했다면 이런 결과는 불가능했을 것이다. 고객의 니즈를 나는 다시 재해석했고 고객의 고객이 머물고 싶은 공간으로 연출했더니 페인트가 주제이자 베이스가 되는 공간이 되는 색다른 경험을 제공할 수 있었다.

삼화페인트에 경쟁 프리젠테이션을 하고 선정된 이유로 이런 말을 들었다. '뻔한 것들이 아니라 자신의 제품과 기업의 가치관이 재해석되는 것이 신선했다.'라는 말이다. 파트너가 된 이후로 서울, 대전, 부산 등 경영자 세미나와 더 재미난 프로젝트로도 이어졌다. 게중 하나가 코엑스 윈터페스티벌에 메인으로 출품한 '붓트리'다.

한번 파트너가 되면 계속 갈 것 같지만 평생 파트너가 될 수는 없다. 이슈에 따라서 늘 바뀔 수 있다. 아무리 잘해도 늘 성공적인 관계가 되지 못할 수도 있다는 것을 기억해야 한다. 최선을 다했지만 어느 해에는 함께 일하지 못한 적도 있다. 떨어진 프로젝트가 더 많다.

이럴 때 어떻게 해야 하는가. 실패를 잊어야 한다. 다른 고객을 위해서 쿨하게 잊어버리는 것도 나의 강점 중 하나다. 여러분도 그래야 한다. 그래야 다음 프로젝트, 다른 고객에게 충실할 수 있기 때문이다.

실력을 넘어서는 것이 운이라면 그 운을 만드는 것도 자기 자신이다. 운이 나를 향해 올 수 있도록 지금의 나에게 집중해보라. 그러면 언젠가 실패했던 것 덕분에 또 새로운 기회가 자신에게 주어진다.

아이디어 정면승부

붓 3,000개로 꾸민 크리스마스 트리. 사이사이에 박힌 LED로 인해 눈이 내리는 착각이 든다.

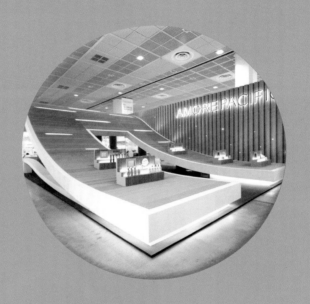

08. 기업의 가치를 소름돋게 기억시키는 법
- 아모레퍼시픽 편

❖

'아모레퍼시픽' 하면 가장 먼저 떠오르는 이미지는 뭘까? 이미 대중 속에 자리 잡은 브랜드를 가진 기업인 경우 우리에게 일관된 이미지를 주는 이유는 통상 매뉴얼을 기반으로 모든 작업이 시작되기 때문이다.

그런데 가끔은 이런 미션도 주어진다. 어떤 가이드나 매뉴얼도 없이 자유 소재와 자유주제로 기업의 가치를 담아낼 것! 막막해도 이렇게 막막할 수가 없지만 솔직히 나는 자유주제를 가장 선호하고 즐기는 편이다. 이렇게 믿고 맡기는 작업일 경우에 가장 최고의 퍼포먼스를 냈던 때문일까. 규정이 없는 자유 제안인 경우 고객이 거는 기대감과 신뢰 덕에 긴장도 되지만 무한 책임도 져야 하는 짜릿한 부담감이 있다.

내가 접한 아모레퍼시픽의 첫 만남은 화장품 박람회에서였다. 수많은 월드 브랜드들이 참가하는 화장품 박람회라서 식상함이 예상될 수밖에 없다. 고민 끝에 가장 먼저 시작한 것은 아모레퍼시픽의 순수함을 담아내기 위한 소재 조사다. 내츄럴한 바디감과 톤 앤 매너를 위해 선택한 소재는 자작나무 원자재와 지관, 그리고 지판, LED다.

페인트나 어떤 마감도 덧바르지 않은 뽀얗고 고운 자작나무가 제격이라는 판단에서 절대 마감을 자작나무로 정했다. 켜켜이 쌓인 자작나무 단면 그대로도 충분히 훌륭한 소재다. 지관은 휴지심 같은 종이 관을 말하는데 실제 적용한 것은 휴지 심지에서 모티브를 얻어 카페트 같은 것을 돌돌 말 때 쓰고 남는 대형 종이 지관을 소환하기로 했다. 그리고 평소 마트에 쌓여있는 종이 박스 단면을 켜켜이 쌓아서 골판지 같은 골지 느낌의 텍스처를 활용하기로 결정했다. 매끈한 종이 면보다 종이 박스 단면의 골진 느낌이 어떻게 표현되었을지 상상해보라.

흔하디흔한 지관과 지판으로 세상에 없던 새로운 비쥬얼을 선보이리라 맘먹고 그 흔한 소재가 어떻게 조합되어 비쥬얼 라이징 해지는지 사람들을 깜짝 놀라게 하고 싶었다.
흔한 소재로 반전의 느낌을 살린 이 구조물은 또 다른 이슈로 어필되었다. 뻔한 박람회에서 과감한 시도를 할 수 있다는 것에 국내 업계는 물론 해외 브랜드들에게도 신선한 충격을 주었다고 한다.

디자이너라면 이런 우를 범할 때가 종종 있는데 먼저 종이와 펜부터 들고 그려가는 과정이다. 그리면서 아이디어가 떠오를 수도 있는데 공간을 그릴 때는 먼저 머릿속에 그리는 것이 좋다. 그리고 떠오른 공간을 말로 표현해가는 것이 더 좋다. 의미와 스토리텔링을 담을 수 있기 때문이다. 자 그럼, 나와 같이 시인이 되어보자. 마치 시인이 되어 읊조리듯 오염되지 않은 순수한 자연을 떠올려보자. 자, 반전의 구조는 어떻게 만들어졌는지 보자.

어릴 적 어둑해진 누런 들녘 위로 반딧불이가 난다. 옹기종기 붙어있는 지붕 위로 밥 짓는 냄새가 피어나고 들녘에 집마다 하나 둘 불이 들어온다. 산등성이 언저리에는 해가 누웠다.

아이디어 정면승부

해지는 산 등 너머 아래 대들보가 치켜든 집집마다 아궁이에 불이 지펴져 따스함이 올라온다.

대문은 한껏 열어젖혀 누구라도 반긴다. 한발만 내디디면 너른 들녘, 비탈에서 미끄럼을 타던 어릴 적 민둥산은 어느새 숲으로 채워져 어린 시절 썰매놀이 하던 추억만 풋풋하게 남았다.
자, 여기까지 상상했다. 이제 실물로 담아낼 차례다.

누런 들녘은 박스 단면을 활용한 지판으로 모내기하듯 켜켜이 모로 세워서 심었다, 가로로 심긴 박스의 다른 면은 볏단이라도 쌓은 듯 가지런하다. 날아오르는 반딧불이는 LED 전구를 둥근 지관에 끼워 깜박깜박 랜덤하게 조절했다.

자연스럽게 굴곡진 지형을 자작나무 슬로프로 비탈지게 표현하자 구조는 앞뒤가 반전되어 앞동산과 동산 아래 집 한 채의 열

아이디어 정면승부

린 대문이 보인다. 이것은 마치 대들보로 들어 올려진 집 같기도 하고 아래를 떠받들고 있는 기둥 아래는 가는 지관을 활용해 연탄 아궁이 같은 감성을 연출했다. 밥 짓는 냄새는 지관의 구수한 종이 냄새가 누룽지 같은 향내로 흡사한 기분마저 든다.

민둥산 같았던 동산 위에 사람들의 손길이 더해져 약속의 숲을 이뤘다. 누런 들녘이 푸른빛으로 물들었다.

아이디어는 스케치와 동시에 즉석에서 그려지기도 하고 여러 루트를 통해 오기 때문에 무엇이 정석이라고 말할 수 없다. 그러나 이 장에서는 스토리가 있으면 맥락이 쉽게 무너지지 않는다는 점을 보여주고 싶다. 그러니 생각하며 떠올리며 키워드를 메모하고 스토리로 연결하면서 포인트를 연결하면 맥락이 흐트러지지 않고 오랫동안 소름 돋게 각인시킬 수 있다. 새로운 스토리가 세상에 없던 판을 만든다는 것을 기억하라.

아이디어 정면승부

나는 디자이너로 살면서 내게 이런 기회를 준 고객, 결국 이러한 자유 제안을 흔쾌히 받아들인 고객의 마인드를 더욱 높이 사며 특별히 감사한 마음이다.

나는 이렇게 시인도 되고 연출가도 되고 감독도 하는 퍼포머로 작업을 마쳤다. 반응은 뜨거웠다. 나는 애초부터 일회성이 아닌 지속가능한 재료로 재활용되도록 설계했다. 그래서 3회에 걸쳐 놀라게 할 계획을 준비해두었다. 아무리 좋은 것도 두 번째부터는 식상하기 때문이다.

뒤이은 화장품 박람회와 친환경 박람회에도 이 소재와 구조는 다시 재활용되었다. 마지막 화룡점정은 사람들의 손에 의해 심겨진 약속의 숲이 되어 대미를 장식했다.

때로는 말이 아니라 보여지는 것으로 완성되는 경우가 있다. 친환경 박람회로 이어진 아모레퍼시픽의 사회적 약속에 동참하기로 한 관람객이 그들도 나무 심기라는 약속을 통해 친환경의 완결판 숲을 완성하게 된 사례다. 관람객의 참여를 통해서 기업의 가치를 형상화 시키는 방법이다. 그동안 당신이 제공한 결과물이 고객의 인상에 얼마나 오래 남아있는지 한번 떠올려보자.

당신의 서비스가 누군가의 인상에 훅! 가서 꽂히는 가치 있는 일로 기억되기를.

빗자루 같은 지판 위로 아모레퍼시픽의 제품들이 놓였다.

아이디어 정면승부

나무 모형을 지관에 꽂는 관람객의 참여로 숲이 완성되었다.

09. 자유주제로 채운 1km 호수 로드
- 꽃박람회 편

당신은 이기적인 기획자인가 아니면 이타적인 기획자인가. 어떤 공간을 자유주제로 기획하라고 하면, 보통 어떤 구조물을 적용할지부터 생각한다. 단언컨대 기획은 그렇게 하는 게 아니다.

먼저 그 공간을 이용할 사람들의 모습을 상상하고 '어떻게 하면 그 사람들이 행복해질까?'를 구체적으로 그려야 한다. 사람들을 행복하게 만들어줄 무언가를 기획하고, 그다음 그 기획에 맞는 구조물을 하나씩 만들어가는 것이다. 이런 점에서 이기적인 기획자는 좋은 기획을 하기 어렵다. 기획자는 이타적인 마인드, 타인에게 공감하는 능력을 갖춰야 한다.

나는 내게 주어지는 미션을 난이도와 상관없이 즐기는 기획자다. 보통의 미션은 온갖 제한을 두고 그 안에서 제안하도록 요구한다. 고양 꽃박람회가 내게 준 미션은 자유주제로 채우라는 것이었고 한 번도 경험한 적 없는 신선한 주제였다. 제한된 공간도 아니고 호수를 낀 꽤 긴 거리를 자유주제로 채우라니. 당신에게 늘 자주 걷던 산책로 혹은 공원을 '자유주제'로 채워보라고 한다면 어떤 연출을 하겠는가?

먼저 상상하기 시작했다. 그 공간에 참여할 사람들이 어떤 사람들일지? 어떠한 요소에 즐거움을 느낄지. 가족, 연인, 어른, 아이 할 것 없이 찾는 고양 꽃박람회장. 30만 명의 관람객은 모든 연령대를 포함한 다양한 구성을 이룰 것이 분명하기에 나는 모두의 감성을 자극할 만한 소재를 찾고 싶었다.

나는 '연인, 청춘'이라는 시점의 앞뒤에 어린 시절의 추억, 결혼, 황혼에 이르는 인생 전체를 엮어 일생을 이야기함으로써 수변로를 걷는 다양한 연령층의 관람객 모두가 즐길 수 있는 공간으로

확장하는 기획을 했다.

호수 변을 따라 걸으며 떠오른 것은 바로 인생. 탄생에서부터 황혼까지를 담는 그림을 머릿속에 그렸다.

1Km를 인생 스토리로 푸는 방법

탄생

탄생은 어쩌면 인생이라는 여행을 시작하는 대관람차에 올라타는 순간이 아닐까? 꽃박람회장 곳곳에 지천으로 놓인 것이 꽃이다. 수세미로 만든 꽃 조형물도 나름대로 꽃이다.

설레는 아기의 탄생을 준비하며 미래에 펼쳐질 인생을, 설거지용 수세미를 활용한 대관람차로 표현했다. 동글동글한 형태의 매쉬 철망에 다양하게 피어나는 인생을 수세미꽃으로 표현하니 거품을 피워내던 수세미가 모여 그럴듯한 꽃으로 변신했다. 인생의 대관람차에 실린 꽃들이 돌아간다. 이게 바로 인생의 시작이지.

다이소에서 주문한 600개의 설거지용 수세미로 한땀 한땀 정성껏 꽃을 만들었다. 자세히 관찰하면 꽃의 개화 정도에 따라 수세미꽃이 다르게 표현된 것을 알 수 있다.

성장

여섯 살만 돼도 책상 앞에 앉기 시작한다. 그리곤 적어도 12년은 꼬박 의자에 앉아 학창 시절을 보낸다. 의자라는 무생물과 함께 성장한다. 의자가 놀이터가 된다면? 그래서 어릴 적 사용했던 나무 의자를 소환했다. 교육과 놀이가 어우러져 아이의 진정한 성장이 이뤄지길 바라는 마음을 담아 의자 놀이터로 형상화했다.

선선한 바람이 부는 해 질 녘, 연인들이 올라앉아 학창 시절을 회상하며 있기 딱 좋다. 스프러스 나무 위 다양한 파스텔톤의 컬러 스테인 마감으로 예쁨을 더했다. 호수를 바라보고 놓인 거인 의자는 단연 인기였다.

아이디어 정면승부

사춘기

　사춘기는 정말 아름답게 표현하고 싶었다. 인생에서 가장 빛나는 순간이라고 믿기 때문에. 삶이라는 것의 정면을 마주하고, 좌충우돌하는 모습이 '질풍노도의 시기'라는 말과 어찌 그렇게 딱 맞아 떨어지던지…. 다양한 생각과 모습이 돋보이는 청소년기를 햇빛이 비친 스테인드글라스처럼 다양하고 스펙타클한 인생의 한 장면으로 기억되게 하고 싶었다.

　때문에 그 시기의 방황을 스펙트럼 효과로 표현하고자 투명 필름지에 컬러테스트를 반복하고 반복했다. 투명 필름에 다양한 컬러를 반투명하게 인쇄하고 다양하게 배치했더니 다채로운 컬러감이 기대만큼 잘 표현되었다. 출력소와 사무실 오가기를 수번째, 결국 고군분투한 보람이 있었다.

　꼭대기에 걸린 풍차는 바람이 셀수록 더 힘차게 돌았다. 바람 앞에 당당히 서 있지만 흔들릴 수밖에 없는 꽃바구니는 딱 그 시기를 대변하기에 충분하다. 질풍노도의 시기를 나는 이렇게 빛나는 청춘으로 바라보았다. 당신이라면 어떤 해석을 붙이겠는가?

프러포즈

무사히 지난 사춘기 끝에 연인을 만나 청혼을 한다. 인생에 한 번은 이런 끝내주는 프로포즈를 해보고, 받아보고 싶지 않은가.

흔하디 흔한 PVC 파이프. 빗물 파이프 관을 자르고 쌓아 대형 반지를 만들었다. 마침 백색 파이프를 발견해서 주문하고 일정 길이로 절단하고 연결해서 쌓았다.

근사하지 않은가? 파이프의 단면이 서로 엮이면서 보는 것만으로도 사랑이 버블버블, 뭉게뭉게 피어나는 느낌이다. 마음만큼은 이만큼 큰 반지를 선물하고 싶다는 소망을 담아 소심한 이들도 이참에 사진 한 장 찍게 만들고 싶었다.

이런 프러포즈에 묵묵부답일 수 없다. 사랑은 말없이 다가와 느닷없는 고백을 부른다. Marry me? 이 프러포즈에 대한 그녀의 대답은? Yes!

 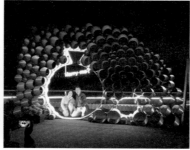 

빗물 배관 파이프로 제작된 프러포즈 존

YES

긍정의 YES 존. 두말할 것 없이 발길을 붙잡는 인기 많은 핫 플레이스였다. 이런 공간에서라면 저절로 YES! 라는 대답이 나오지 않을까?

스프러스에 블랙 스테인 마감으로 세련되게 연출하니 즉시로 강한 대답처럼 힘이 있다.

야간에는 특별히 조명을 밝힌 LED 글자 YES는 더 진심으로 느껴졌다.

아이디어 정면승부

Kiss

제일 기대되었고 제작 중에도 설레었던 바로 그 키스 존이다. 러블리한 컬러의 우드 스테인을 마음껏 썼다. 이제 청혼에 답도 했으니 공식적인 커플이다. 이제 마음껏 데이트해도 좋다. 사랑스러운 이들을 위해 호수를 바라볼 수 있는 위치에 키스 존을 설치했다.

조가비 형상의 삼각형 키스 존에 둘이 쏙 들어가 앉으면 아무도 간섭하지 못한다. 키스 존을 두드리는 다음 커플들만 아니면 밤이라도 셀 기세. 한번 앉으면 일어나질 않아 결국 시간을 정해 옮겨갈 수 있게 안내해야 했다. 보는 이는 유쾌하고, 안에 있는 이는 수줍다. 한번 앉아보려고 대기하는 사람들이 안을 들여다보고픈 마음을 누르며 차례를 기다리는 진풍경을 엿보는 것도 재미였다. 결혼에 골인하기까지 열심히 알아가자! 당신에 대해! 서로를 위해!

아이디어 정면승부

Wedding

다음 준비된 인생은 웨딩 존이자 스윗 홈이다. 그야말로 가장 긴 줄을 섰던 최고의 포토존이었는데 많은 연인들이 웨딩 존에 서 보기 위해 긴 줄을 마다 않고 기다리며 자연스럽게 뒤 커플이 앞 커플을 찍어주는 진풍경이 연출되었다. 끝이 보이지 않을 만큼 줄 을 섰다는 사실에 너무도 행복한 현장이었다.

나는 이 앞을 지날 때마다 가장 좋은 포인트를 잡아 사진 찍어주 는 일을 자처했다. 황홀한 스위트홈으로 가는 계단 위에 선 두 사 람은 마치 세상을 다 가진 듯하다.

Sweet hom

아이디어 정면승부

옥외에 지어지는 구조물들은 바람길을 만들어줘야 한다. 그렇지 않으면 안전을 위협받을 수 있다.
바람길이 지나도록 뚫린 형태의 구조와 소재를 사용했다.

황혼

'니들이 게 맛을 알아?' 하는 신구 선생님의 목소리를 상상하면서 연출한 황혼 존이다. 함께 손잡고 걸어온 길, 전망 좋은 호수에 나란히 앉아 강바람을 가르며 윈드서핑을 즐기는 젊은이들을 바라보며 젊은 날을 회상한다. 자신의 청춘을 떠올리듯이.

'지나 보니 결국 다 꽃길이었어, 아름답지 않은 인생은 없지' 그리고 눈에 들어오는 광경은 꽃밭 위의 요트다. 함께 어우러진 두 부부의 벤치. 호수 위 젊은이들을 바라보니 지나온 인생 풍경이 주마등처럼 지나간다. 노을 지는 호숫가에 나란히 앉아 평화로운 광경을 보니 이보다 더 좋을 수는 없다.

각 존의 기획 단계에서부터 필요한 화훼의 수급 계획을 짰다. 꽃에 대한 사전 지식이 있으면 수급에 조금 유리한데 어느 분야건 새로이 접할 때는 정보를 많이 수집하고 보유하는 것이 중요하다. 디테일한 연출계획과 방법을 계획하고 이외에도 작업공정 계획과 인력, 장비투입, 유지와 관리, 철거에 이르기까지 전반에 이르는 계획을 세웠다.

인생 전체를 돌아보게 한 이 프로젝트는 '지나 보니 결국 다 꽃길

아이디어 **정면승부**

이었다'라고 말해주고 싶은 기획자의 마음을 담은 것이다. 꽃박람회에 참석한 관람객들이 1Km, 8개의 존을 지나면서 꽃에 귀 기울이면 대답처럼 들려오는 '마음의 소리'로 들었으면 했다. 이런 마음이 가닿았는지 이 기획으로 경기도지사상에(전체 3등) 입상했다.

동시에 기획한 농협과 농촌진흥청이 나란히 대통령상과 국무총리상을 받았다. 고객의 작품을 성공적으로 마쳐서도 황송한데 입찰로 수주하여 참여한 호수 로드까지 수상하게 되어서 꿈같이 행복한 순간으로 기억되었다.

로드를 설계하라는 미션이 주어지면, 분명 연결성에 대한 압박을 받게 마련이다. 그래서 꽃들을 쭉 줄지어 놓아 길을 연상케 하는 아이디어를 떠올리는 것이 일반적이고 보기도 나쁘지 않다. 하지만 지루하기 쉬운 꽃들의 대잔치가 될 수밖에 없는 것도 사실이다.

관계의 긴장감을 위해 연애에도 '밀당'이 필요하듯 공간 기획에도 적절한 치고 빠짐은 필수다. 강조할 포인트 외엔 되도록 비워놓는 것이 비결이다. 'Connecting the Zone' 스토리만으로도 보이지 않는 연결고리가 있음을 알 수 있다.

인생, 그 다양한 이야기를 꽃으로 표현한다면 당신은 어떤 기획을 할 것인가? 펜을 들고 떠오르는 것을 바로 그림으로 그려도 좋겠지만 먼저 이야기꾼이 되는 것을 추천한다. 이야기는 더 풍성한 그림을 만들어낸다.

아이디어 정면승부

인스타그램에서 검색되는 자료들

PART.2 아이디어 실전편

10. 라바콘, 꽃을 담다
- 농협 편

❖

고정관념을 깨기 위한 시도. 어디까지 해보았는가? 꽃 농가 활성화를 위해 꽃박람회에 참가하게 된 농협. 농협 하면 떠오르는 고정관념 때문에 신기하게도 누구나 비슷한 이미지를 떠올린다는 것이 더 신기했다.

나 역시 처음에는 고정된 이미지를 가지고 있었다. 그래서 시작한 것이 고정관념을 깨기 위한 '키워드 검색'이다. 단어를 쫓아가다 보면 연관검색어가 뒤따라온다. 그것들을 서로 연결 지으면 새로운 조합이 탄생한다. 몇 번을 강조해도 지나치지 않는 지니만의 비법이다. 전혀 상관없을 것 같은 것들을 연결 짓는 놀이를 습관화하면 아이디어가 폭발한다.

잠깐 연상 놀이를 시작해보자. '물티슈와 ○○○', '형광펜과 ○○○', '블로그와 ○○○', '차가운 ○○○', '잘 나가는 ○○○'. 두 가지를 연결할 ○○○에 무엇이 들어갈지 당신의 말랑말랑한 머리에 맡겨보자. 지금 당신 주변의 모든 것을 연결 지어보라.

아이디어 정면승부

꽃이 꽃이라는 식상함을 벗어나 당연히 '그럴 것'이라는 수준을 뛰어넘고자 했던 <농협 편>의 기발함은 검색에서 시작됐다. 머리를 가볍게, 가슴은 열고, 마음껏 떠오르는 단어들을 검색하다 찾은 단어는 '맛있다'와 '바삭해'였다.

공사장에서 안전을 위해 세워두는 라바콘으로부터 영감을 얻어 바삭한 과자로 변신시켰다. 실감 나는 아이스크림 과자를 위해 FRP 소재로 제작, 현장에서 중심을 잡아 세웠다. 물 빠짐 없는 아이스크림콘 과자로 손색이 없었던 라바콘. 저 고깔 속에 라바콘이 숨어 있다는 사실은 안 비밀이다.

그러나 문제는 아이스크림콘의 끝이 뾰족하다는 것. 이것을 그대로 보여주고 싶었다. 혼자서는 절대 서지 못할 이 아이스크림콘을 세우기 위해 결국 투명 아크릴 통을 의지해 아이스크림 꽃 콘을 세웠다. 이뿐이 아니다. 작은 아이스크림콘을 구성하고 싶었는데 그 어디에도 이것을 연출할 도구가 찾아지질 않았다. 물론 성형을 할 수도 있으나 그럴만한 예산이 없었다.

목공으로 만들어도 되지만 담수가 되지 않는 문제점이 있다. 꽃은 매일 물을 주어야 하므로 담수 기능을 해결해야 한다. 결국 우리가 찾은 것은 공사장에 세워놓는 고깔 모양의 라바콘이었다.

라바콘의 평면 테두리를 잘라내고 거꾸로 세우니 딱 아이스크림콘 스케일의 조형물로 안성맞춤이었다. 사람들은 영락없는 아이스크림콘이라고 보았지만, 그 속엔 공사용 라바콘이 물받침 역할을 톡톡히 해내고 있다는 사실에 나는 너무도 고무적이고 행복했다.

지나는 사람을 붙잡고 '이거 뭘로 만들었는지 아세요?' 하고 살짝 말해주고 싶을 만큼 입이 근질거렸다.

꼭대기까지 오아시스를 쌓아 올리고, 꽃을 수북이 꽂아 아이스크림 꽃콘을 완성했다. 만일 꽃을 보여주기 위해 꽃에만 몰두했다면 결국 꽃으로 끝나고 말았을 것이다.

공사장의 라바콘, 꽃받침이 되다

아이디어 정면승부

　사람들은 주로 최고나 최초를 기억한다. 식상함을 기발한 것으로 기억에 남도록 아웃풋 하나를 세상에 내놓는 일이야말로 가슴 뛰는 일이다. 상상이 현실이 되는 일. 풀리지 않던 문제. 지금 생각을 바꾸면 가능해진다. 식상함을 기발함으로 변화시키는 시도를 해보자.

11. 시그니처를 만드는 방법
- 서울시 편

❖

　당신을 당신답게 할 '시그니처'는 무엇인가? 시그니처는 모두가 공감할 수 있어야 한다. 특히 대상이 공공기관이라면 더더욱 객관적으로 생각할 수 있어야 한다.

'서울을 대표하는 단 하나. 시그니처를 찾아라.'

　내 생각이 아닌 우리 모두가 공감할 수 있는 시그니처를 찾아야 하는 미션을 받았다.
　가장 서울다운 서울을 표현하라! 그럼에도 내게 주어진 팁은 'INFINITELY YOURS, SEOUL. 그 무궁무진한 세계로의 초대'라는 단 한 줄의 서울시를 대표하는 슬로건 뿐이다.

　당신에게 서울을 주제로 기획하라고 하면 어떻게 표현하겠는가? 보통은 자연 여건과 문화 요소 중에서 이미지를 골라 남산, 한복, 한강, 경복궁, 한옥마을, 한국의 음식 등을 중심으로 기획하고 평면의 공간에 모든 것을 순서대로 배치하는 것이 일반적인 모습이기 마련이다.

나는 대한민국의 수도 서울을 찾는 외국인의 관점에서 무엇이 가장 인상적인지를 생각했다. 외국인에게 보여지는 한국. 분명 다른 점이 있을 것이다. 외국인이 받은 한국으로의 초대가 온화한 임금의 환대처럼 느껴지면 좋겠다는 그림을 상상해보았다.

그래서 서울의 궁이라는 키워드를 뽑아냈고, 서울의 궁을 상징할만한 소재와 이미지를 그렸다. 내가 생각해 낸 것은 면류관과 기왓장이었다. 왕을 상징하는 면류관과 까만 기왓장은 분명히 다르지만 닮았다고 생각했다.

추녀마루 위에 액운을 물리치는 잡상(雜像, 동물상)들이 줄지어 서 있는 모습과 치미(鴟尾, 용마루의 양 끝에 높게 부착하던 장식 기와), 수막새(기왓골 끝에 사용되었던 기와)가 어우러져 만들어 내는 장식미와 웅장함은 인상적이면서도 위엄있는 왕을 상징하기에 제격이라는 생각이 들었다.

여기까지 상상했을 때 거대한 기왓장이 떠올랐다. 면류관과 기와를 모티브로 한 심플한 형태만으로도 충분한 임팩트가 있다고 생각했다. 또 면류관에 앞뒤로 늘어트린 오색의 옥을 끼운 면류는 전통 장식인 '술'을 이용해 표현해 보기로 했다.

　거대한 기왓장의 곡선과 바닥에서 천장까지 이어지는 술이 어우러져 그려내는 모습은 세련된 한국미를 대변할 비주얼이자 위엄있는 왕의 모습을 가장 인상적이면서도 화려하게 재현하기에 충분했다. 노란색 세무 원단을 컷팅한 술은 멀리서 보면 황금물결처럼 보이고, 풍요로운 서울로 초대받는 게 얼마나 행복하고 멋진 일인지를 상상하게 된다.

아이디어 정면승부

Seoul, 그 무궁무진한 세계로의 초대

　정작 기획을 하다 보면 관객을 고려하기보다는 내가 보여줄 수 있는 최대치를 보여주는 데 온 힘을 기울이게 된다. 이는 소비자를 생각하지 않고 '줄 테니 무조건 즐겨라' 하는 권위를 드러내기 십상이다. 하지만 초대받는 사람이 언제 행복한지를 상상해보면 답을 찾을 수 있다. 즉, 관점을 바꿔야 인상적인 기획이 가능해진다는 것이다.

아이디어 정면승부

서울을 대표하는 단 하나의 시그니처를 도드라지게 표현하는 것이 중요했다. 많은 관람객을 수용하기 위해서는 동선이 모두 열려있어야 한다. 그랬을때 가장 심플하고 접근성이 좋다. 모티브가 된 '술'과 '기와'를 초대받는 입장에서 느끼게 하려면 평면은 열려 있지만, 입면은 닫혀 보이는 반전의 묘미가 살아있는 기획이 필요했다. 어떨 때는 구조로, 어떨 때는 평면으로, 어떨 때는 소재로. 기획의 포인트는 그때그때 다르다. 레이아웃의 결정이 때로는 신의 한 수가 될 수 있다.

이 서울시관의 제안은 입찰로 준비되었는데 심사위원으로부터 임금이 쓴 면류관의 노란 술로 표현된 텍스처가 고스란히 느껴져 감동스럽다는 감상평을 듣기도 했다. 그래서 드디어 이렇게 현장으로 옮겨지게 되는 순간!

전시의 화룡점정은 바로 최고의 퍼포먼스다. 서울시관의 이 기획은 2010년 한 해 동안 일본과 대만 중국 3개국으로 연결되었다. 드로잉 쇼, 퍼포먼스를 운영하는 도우미의 의상 하나까지도 퍼포먼스의 하나다.

　도우미가 착용한 비단 앞치마와 꽃신, 소품들은 외국인들이 서
로 줄 수 없겠냐며 탐내던 모습이 지금도 생생하다.

　드로잉 쇼, 해치와 함께 인증 샷 등 무려 20여 가지의 퍼포먼스
가 구현되었다!

성공적인 결과로 가장 아름다운 전시관 컨테스트 1등에 뽑혀 관광협회와 코트라 주관으로 받은 상에는 '탁월한 감각과 아름다운 부스 디자인으로 행사를 빛내주었으므로'라고 되어 있다.

보편적인 기획을 벗어날 TIP! 'copy가 아니라 modify 하라!' 무언가를 보고 영감을 얻었을 때! 는 보다 더 나은 방법으로 진화시켜야 진짜 프로라는 걸 기억하자!

당신의 시그니처란? 당신을 당신답게 할 바로 그 '시그니처'를 찾아보자? 차별화된 당신만의 시그니처를.

아이디어 **정면승부**

서울시를 카피한 수원시. 서울의 궁이 수원성과 같을 순 없다.

12. 고객의 매출을 극대화시키는 방법
- JAJU 편

❖

    자신의 아이디어를 더한 공간을 통해 고객의 매출이 극대화될 수 있다면 기꺼이 재능을 나누겠는가? 공간이 고객의 매출이 오르도록 돕는 것이 마케터만의 몫이라고 생각하는가?

    그 고객에 맞는 안성맞춤 아이디어와 그것을 실현해낼 전략과 전문가들이 필요하다.

    그렇다면 고객의 매출을 극대화하기 위해 나 지니는 어떠한 노력을 했을까?

    매출을 올리고 싶으신 분께 세 가지 팁을 드린다.

SOLUTION 1 : 소비자가 원하는 공간 경험을 연출하라!

    실생활에 적용된 모습을 연출하기 위해 전시관이 아닌 모델 하우스를 짓기로 했다. 정육면체의 갖춰진 공간이 아닌 맨땅에 집짓기부터 시작한다는 게 매력인 현장!

    1차로 완성된 외형. 매장의 매뉴얼에 따라 톤을 맞추는 것은 필수다.

SOLUTION 2 : 단품을 패키지화하라!

자주 그리고 많이 웃는것.
복잡한 생활을 단순하고 멋스럽게 만드는것.
소소한 하루의 행복을 만드는것.
그 하루의 생활을 자주와 만드세요

한국형 라이프 스타일 브랜드

JAJU
JAJU.CO.KR

사람들은 대부분 매장에서 제품을 들었다 놨다를 반복한다. 이
것저것 꺼내다가 조합을 해보기 때문이다. 공간연출을 위해 나는
다른 세팅을 시도했다. 한눈에 볼 수 있도록, 한 채의 집을 지어
세트 구성으로 연출했다.

직접 매장에 나가 발품을 팔며 어울리는 조합들을 미리 구성해
보고 현장 설치에 들어간다. 구매예정자가 일일이 서랍을 열어보
고 냉장고를 들여다보며 어떤 구성을 패키지로 구입하면 되는지
한눈에 정보를 파악하도록 했다.

아이디어 정면승부

SOLUTION 3 : 공간의 화룡점정은 사람이다.

　멋지게 연출한 공간에 사람의 온기를 불어넣기 위해 정복을 입은 도우미가 아닌, 진짜 그곳에 살 것 같은 사람을 배치했다. 부부 콘셉트의 전문 모델로 구성하는 꼼꼼함을 선보였다. 자 이제 진짜 집안 주인이 맞이하고 있다. 초대받은 느낌이 물씬 느껴지는가?

　모든 것은 연출이다. 전략 없는 연출은 그저 Showing에 불과하다. 수많은 상품들이 "나 좀 집어주세요!"하고 기다린다면 글쎄, 무슨 매력이 있을까? 연출에 따라 "내가 사용될 때 당신은 멋진 사람이 된다구요!"라고 나를 막 부르는 것 같다고 느낀다면 이게 바로 즉시 카드를 꺼내 들게 만드는 매력적인 연출 덕분이다.

　지금 매출 극대화를 위해 어떤 연출을 하고 고민하고 있는가?

13. 공간을 새롭게 해석하라
- 코엑스 편

❖

컨벤션의 메카, 코엑스의 겨울은 언제나 행사로 북적였다. 2009년의 겨울도 예외는 아니었다. 한국관광공사와 코엑스, 서울시 3개 기관이 컨벤션 유치를 위한 설명회를 개최하기 위한 공간을 발 벗고 찾아 나서게 되었다.

코엑스는 몇 년 치 사용예약이 이미 마감될 만큼 일반의 시간보다 앞서간다. 그러니 코엑스 공간 전체를 샅샅이 뒤져도 마땅한 공간이 남아있을 리가 만무했다. 겨우 눈에 들어온 공간은 영동대로 변을 낀, 그러니까 코엑스의 동쪽 로비뿐이었다.

"정말 가능할까요?"

컨벤션 담당자는 코엑스 로비로 향하는 동안 내게 이런 질문을 했다. 내게 너무 어려운 숙제를 드리는 것 같다며, 그러나 달리 아이디어가 없으니 현장을 보고 가능할 것 같은지 봐달라는 것이었다. 이미 보기도 전에 이곳이 아니면 대안이 없음을 알고 있었기에 나는 설렘과 긴장감으로 현장을 둘러보았다.

아이디어 정면승부

습관처럼 현장 사진을 찍는데 햇살 한 점 없이 보기만 해도 춥고 을씨년스러웠다. 한파로 나뒹구는 낙엽과 흔들리는 나무가 고스란히 시야에 들어오는 통유리 파사드에 차가운 대리석 바닥, 층고는 높고 조도는 썩 밝지 않으며 난방효율조차 떨어지는 이곳.

주 출입구 한편에 자리한 자투리 공간이라 건물의 죽은 공간이나 다름없었다. 로비이긴 하지만 썰렁함을 채울 금속 조형물 하나가 자리하고 있을 만큼 사람들의 발길도 뜸한 곳이다.

당시의 코엑스 로비

게다가 주변엔 위아래로 오가는 육중한 에스컬레이터와 비정형으로 굴곡진 매스감 때문에 정육면체의 공간일 때와는 다른 특별한 공간지각 능력을 발휘해야만 하는 상황이었다.

어서 건물 로비라는 생각을 지우고 따스한 봄날의 연회장으로 착각하도록 변신시켜야 한다고 혼자 되뇌었다. 이번만큼은 제대로 공간을 재해석해야만 하는 미션이다.

코엑스에 컨벤션을 유치하겠다고 초청된 인사들에게 가장 멋진 공간을 선뵈어야 할 텐데 장소는 고갈되고 겨우 찾아낸 로비에서 '과연 코엑스라야 한다'라는 공감과 확신을 줄 첫인상을 책임질 임무가 너무도 막중했다. 채택된 장소의 특성상 나는 당연히 이번 행사의 칼자루를 쥔 사람이 되었고 주최 측 세 그룹의 담당자 모두가 나만 바라보고 있었다.

초대해놓고 로비에서 '이게 뭐냐?'라는 말이 나왔다간 큰일이지 않은가. 나는 어떤 일이든 목숨 걸고 임하는 모드가 장착된 사람인지라 그 어느 때보다 스스로 더 비장하게 임했던 기억이 난다.

주어진 공간을 채우려 할 때, 멋지게 보이려는 의욕이 앞선 나머지 본질을 잃고 문제해결을 잊은 채 겉보기에 치중하는 우를 범하곤 한다.

가장 먼저 고민해야 할 부분은 현장이 가진 문제점을 해소하면서 멋짐도, 아름다움도 염두에 두는 것이다. 몇 명을 초대하고 어떻게 세팅할지는 기본, 가장 급선무는 이 썰렁한 공간을 어떻게 따스하게 바꿀 것인가 하는 실질적인 문제를 해결하는 것이 필요한 현장이었다.

먼저 봄날이 연상될 만큼 따스함을 느끼게 해야 하니 옐로우 톤의 소재를 기본색으로 채택하기로 했다. 아이보리의 따스한 카페트로 회색빛 대리석을 덮어 베이스를 정돈했다.

그러나 유리면을 차단하는 일은 신중해야 한다. 불투명한 소재로 차단할 경우 억지스러운 가벽 느낌을 지울 수 없으니 이럴 땐 실루엣이 비치는 샤 천을 활용하되 색을 옐로우로 채택했다. 샤 천은 한복 소재로 여러 겹 겹쳤을 때 느껴지는 중첩의 자연스러움으로 연출했다.

따스함을 입은 코엑스 로비

 거기에 업라이트 조명을 쏘게 되면 파티장의 화려함을 더할 수 있는 연출이 된다. 머리 위로 솟은 에스컬레이터의 육중함이 부담스럽지 않도록 서너 가지 파스텔 톤의 한복지를 사용해 내리 걸었다.

 창밖의 을씨년스러운 계절이 가려진 동시에 답답함은 해소하고 은은한 겹 구조 마감으로 주변이 정리되었다면 다음은 포인트가 될 디테일 하나에 집중했다. 왜냐면 지금까지의 세팅은 분위기를 잡는 베이스에 불과하다.

 분위기 자체는 사람들이 그러려니 하고 지나칠 수 있는 요소이기 때문이다. 그러다가 '요것 좀 봐'하는 포인트가 있어야 공간을 향한 전반적인 감탄사가 나오는 법이다.

아이디어 정면승부

꽃을 버린 테이블, 항아리가 놓이다

　하얀 원형 테이블에 손수 노란 한복 천을 잘라 러너를 만들었다. 옐로우 톤 위에 얹어질 포인트로 갈색 항아리 뚜껑을 뒤집어 놓았다. 그리곤 높고 낮은 노란 초 세 개와 솔방울을 얹었다.

　어김없이 놓이던 테이블 위의 뻔한 꽃장식을 과감히 버리고 나니 뒤집힌 항아리 뚜껑에 더욱 눈길이 간다.

　뒤집어 놓은 항아리 뚜껑에 노란 초 세 개! 더하지도 덜하지도 않은 단아함으로 데코레이션을 완성시켰다. 때로는 색다른 오브제 하나가 공간을 한층 더 새롭게 만드는 포인트가 된다는 걸 잊지 말자.

이 데코레이션을 보고, 소식을 들은 고객들은 의례 자신의 전시에 어떤 오브제를 써줄 건지 묻는다. 결정권자가 포인트를 물어본다면 이미 고수다. 고객이 사소한 디테일까지 기대하게 만드는 건 순전히 당신의 역량에 달려있다.

　이후로 이 후미진 공간은 다양한 시도들로 채워지면서 버려진 공간에서 쓸모있는 공간으로 변모해갔다. 공간을 재해석하고 새로운 것을 경험하게 해주는 일, 그것은 어쩌면 가보지 않은 새로운 길을 내는 것과 같다. 길을 내고 나면 많은 이들이 수월하게 그 길을 따라간다.

아이디어 정면승부

PART. 3

IDEA = I + Dear,
스스로 가치로운 생각

아이디어 정면승부

01. 쉬운 말로 말하라

내가 얼마나 유식하고 전문가처럼 보이느냐의 문제보다 고객이 얼마나 잘 이해했느냐에 초점을 맞춰라.

"거참 못 알아듣겠네…."

한참 프레젠테이션을 하던 중 들려 온 한 임원의 한마디. 순간 나는 딱히 어려운 단어를 언급한 적도 없는데 혹시 태클이신가? 하는 마음이 잠시 들긴 했지만 내가 사용하는 단어들을 신경 써가며 곧장 쉬운 언어로 바꾸어 발표를 마쳤다.

디자이너로 살다 보면 속칭 우리끼리 사용하는 전문용어들이 있다. 우리에겐 익숙하지만 일반인인 고객에게는 낯선 단어일 수밖에 없다. 분야만 달랐지 어느 업종이나 마찬가지일 것이다. 우리 생활 깊숙이 파고든 통상적인 외래어라 할지라도 되도록 쓰지 않는 것이 좋다.

이를테면 '레벨이 상승할수록'을 '수준이 높아질수록' 또는 '기대가 높아질수록' 정도로 바꿔말하는 것들을 말한다. 대수롭지 않은 말 같지만 듣기에 따라 외래어를 남발한다며 불편해하는 이가 단 한 명이라도 있다면 교정해야 한다.

'레벨'을 못 알아들을 리는 없다. 하지만 '고객의 수준 문제'라 생각하지 않고 무조건 바꾼다. 저 한마디로부터 시작된 외래어는 곧 온갖 영어가 다 쏟아질 거라는 예고나 다름없다. 그러니 주의하도록 한다.

'이따가 설명드리겠습니다.'라는 단어도 별로다. '이따가'를 '잠시 후'로 바꾸면 훨씬 설득력 있고 고상하게 들린다. 이 단어 사용 하나만으로 스스로 무시당하지 않는 방법이다. 아이에게 설명하듯이 천천히 정확하고 쉽게 설명하도록 한다.

내가 얼마나 유식하고 전문가처럼 보이느냐의 문제보다 고객이 얼마나 잘 이해하느냐에 초점을 맞추면 간단하다. 이렇게 상대가 듣기에 편안한 단어로 이야기하면 이해와 집중도가 높아진다.

나는 군이 상대 앞에서 전문가로 보이려 노력하지 않는다. 그러므로 군이 전문용어를 끌어다 쓸 이유가 없다. 되도록 사례를 많이 찾고 상대가 완전히 이해되도록 가장 유사한 자료를 덧붙여 설

아이디어 정면승부

명하면 상대는 자신이 이해한 만큼 나를 실력자로 인정하고 이해된 자신을 무척 만족스러워한다. 이걸 설명하려고 이렇게까지 준비한 나의 배려심에 쏟아지는 칭찬은 덤이다.

상대는 어려운 단어로 무장한 사람을 실력자라 하지 않는다. 실력자는 쉽고 부드러운 언어로 설명할 줄 아는 사람이다.

내가 특별히 트레이닝을 받지 않고도 자주 아나운서 같다는 이야기를 듣는 이유는 조금은 정제된 단어로 채워진 친절한 대화가 상대를 배려하고 있는 느낌을 주기 때문일 것이다.

지난 연말 여행 중의 일이다. 숙소에서 아이들과 '입 모양으로 말해요'라는 게임을 했다. 앞에 놓인 테이블 위의 물건들을 마음속으로 하나 정한 뒤 입 모양으로 속삭이면 알아맞히는 게임이다. 물, 젓가락, 접시… 이렇게 시작된 게임은 몇 회 지속하다 방안의 모든 것으로 확장되며 LED 전구까지 나왔다.

그러자 아이들이 "우리는 잘 모르는 거예요?"하고 묻는다.
"응…. 그렇네. 아이들은 잘 모르는 거니까 그럼 어른들만 맞춰볼까?"
어른들은 아이들과 함께 하는 게임에서 그저 못 맞추게 하려는 욕심에 어른들만 아는 단어들을 마구 소환했다.

그러자 아이들의 의욕은 사라졌고 어른들이 더 신난 게임이 돼 있었다. 그래서 잠시 반성을 한 뒤 모두가 아는 쉬운 단어로 바꾸자 아이들은 너무나 신나 했고 밤이 늦도록 게임이 이어졌다. 그럴 수 있었던 이유는 서로 함께 알고 있는 것으로 소통했기 때문이다.

이처럼 서로가 아는 단어로 소통하는 것은 상당히 중요하다. 기업의 내부 회의에라도 참여할라치면 많은 외래어가 쏟아진다. 이런 경우는 자체 전문용어를 사용할 수밖에 없고 늘 소통하는 사이이므로 예외로 볼 수 있다. 그러나 주로 처음 만난 사람들 앞에서 이루어지는 프레젠테이션 같은 경우는 되도록 가장 쉬운 단어로 설명하는 것이 좋다.

고객은 당신이 외래어를 섞어 쓴다고 해서 당신을 결코 지식인으로 인식하지 않는다는 점이다. 오히려 친절하고 쉽게 설명하는 당신을 매너 있게 바라볼 것이다.

아이디어 정면승부

02. 호텔과 집의 차이

집보다 호텔이 좋은 이유는 항상 잘 정돈되어 있기 때문이다. 잘 정돈
된 침구는 내가 없는 사이 부지런한 손발이 지나간 흔적이기도 하다.

헝클어진 호텔은 집과 다를 바 없다. 집을 호텔처럼 유지해보
라. 호캉스를 떠날 이유가 사라진다.

생각과 실행 여부가 집과 호텔을 가른다. 집과 호텔의 극명한
차이는 바로 실행 여부에 달려있다. 매일 생각을 정리하면 실행에
가까워진다. 생각만 잡동사니처럼 쌓여있다면 헝클어진 호텔과
다를 바 없다.

제아무리 보배로운 생각도 정리를 거쳐 실행하지 않으면 헝클
어진 집이든 호텔이나 마찬가지다. 내 집이 매일 호캉스를 즐기는
집이 되는 것은 실행의 문제. 이제부터 생각했다면 즉시 실행에
옮기자. 이 실행이야말로 호텔이 호텔다운 이유이다.

아이디어가 많은 사람은 공상가처럼 보이지만 실제로는 성실한 수집가다. 실행 버튼만 누르면 즉각 결과물이 나올 만큼 많은 정보를 쌓아두고 있다. 아이디어 뱅크라고 부르는 이유도 이런 맥락이다.

자신의 생각을 수집하고 모았다면 한 번씩 꺼내어 반응을 지켜보는 것을 추천한다. 스토리텔러가 되는 것이다. 그러나 상대의 반응은 참고만 하고 마음에 두지 않도록 한다. 왜냐면 실행은 내 몫이니까 상대의 의견은 참고만 한다. 자신이 실행하지 않을 사람은 책임이 없기 때문에 쉽게 말한다. 그것에 상처받고 중심이 흔들리면 기발했던 내 아이디어조차 금세 헝클어져 버리기 쉬우니 마인드컨트롤은 자신이 할 몫이다.

아이디어가 많은 사람은 스스로 삶의 질을 높여간다. 당연한 이치다. 조금 더 발전된 모습을 그리고 실천하기 때문이다. 자신의 주변 혹은 자신이 맡은 일의 퀄리티가 높아지므로 연봉이 오르거나 주거 형태가 바뀌거나 만나는 사람이 달라지거나 양질의 고객을 만나는 일이 자연스러워지기 때문이다. 단지 돈으로 넓혀갈 수 없는 자신만의 그라운드가 형성되는 것을 경험할 것이다.

나는 더 좋은 것을 제안하기 위해 좋은 것을 경험하려 애썼다. 기왕이면 더 좋은 환경을 경험함으로써 고급진 프로젝트를 맡겨도 겁나지 않을 만큼 공간 경험을 축적해왔다. 내가 경험해보지 않은 것을 제안하기란 쉽지 않기 때문이다.

고객 보다 모르면 밑천이 드러난다. 고객은 자신보다 하나라도 더 많은 정보를 가진 파트너를 원한다는 사실을 명심하자. 그래서 자신의 분야에서만큼은 고수가 되어야 한다. 다른 건 몰라도 내 분야만 똑똑히 알면 된다.

박학다식한데 일은 그저 그런 사람이 있다. 두루두루 잘 알고 있는 것 같아 믿었다는 이야기를 종종 듣는다. 파트너를 찾을 땐 두루두루 잘 아는 사람보다 의뢰하려는 분야의 고수인지를 아는 게 중요하다. 군이 비용을 지불한 고객이 호텔스러움을 포기할 이유는 없지 않은가 말이다. 정돈과 실행의 차이가 집과 호텔을 가른다.

자! 호텔 같은 집은 먼 이야기가 아니다. 항상 기분 좋은 환경을 제공한다는 것은 참 어려운 미션이다. 부지런함이라는 실행을 전제로 한다. 떠도는 생각을 잘 정리하고 즉각 실행할 수 있도록 부지런해야 한다.

03. 돈 말고 선택한 경험치

안전한 크루즈를 타고 항해할 수 있는 티켓을 버리고 작은 배로 항해하기 시작했다. 내 배는 작았다. 하마터면 크루즈를 얻어 탈 뻔도 했다. 때가 되면 내려야 하는 호화로운 크루즈보다 바다 곳곳을 누비는 탐험가가 되기로 했다. 배 안에서 즐기기만 한 것과 넓은 바다를 바라본 경험은 분명히 다르다.

항해는 나를 스토리텔러로 만들었고 많은 소재를 다루도록 수많은 재료를 제공했고 갑판에서 바라본 밤하늘은 더 풍성한 상상을 할 수 있게 해주었다. 돈으로 환산할 수 없는 가치는 바로 다양한 경험이다.

2003년 애플의 MP3 iPod(아이팟)이 출시되었다. MyMy로 대변되던 카세트 세대에서 MP3로 옮겨가는 과도기에 나는 애플의 국내 첫 전시관을 기획하게 됐다. 당시만 해도 애플에 대한 정보가 많지 않으니 큰 부담 없이 아이팟 프로젝트를 기획했고 전시관을 오픈하게 되었다.

아이디어 정면승부

이렇다 할 정보가 없으니 당연히 본사에서 제공한 매뉴얼에 따라 디자인하는 게 당연했다. 톤 앤 매너는 블랙 앤 화이트였고 제품만큼이나 군더더기 없는 심플한 매뉴얼이었다. 이미 보아왔던 브랜드의 선입견이 없던 터라 나는 보다 기본 매뉴얼에 충실할 수 있었다.

평소 선이 굵고 과감한 매스를 잘 다루던 나는 대형 그래픽패널에 아이팟을 과감하게 채웠다. 대형 광고판 같은 분위기마저 들며 그야말로 입이 떡 벌어지게 만든 것이다. 당시 파나플렉스라는 재료의 원단을 자르지 않은 최대치를 그대로 시공했으니 요즘 유행하는 대형 LED 느낌과 유사한 포맷이라고 하면 이해가 빠를 것 같다.

서두가 이렇게 긴 것은 다름 아닌 주변의 반응들이었다. 가장 먼저 엘지전자의 러브콜이었다. 쌍둥이 빌딩에 초대되어 도착한 회의실 한쪽 벽면에는 직전에 오픈했던 아이팟 전시관이 커다란 스크린에 투사되고 있었다. 내게 많은 질문들이 준비되어 있었지만 나의 대답은 너무도 심플했다. 매뉴얼대로 기획한 것 뿐이라는 대답은 그들의 기대를 저버리는 답이었을 것이다.

나의 제안이 너무 과하진 않은지 애플 본사 아시아 담당 관리자에게 컨펌 요청을 보내고 받은 피드백만으로 무리 없이 진행했던 무난한 과정을 덤덤히 설명하고 돌아왔는데, 다음 날 LG에서 이런 제안이 왔다.

자사의 태스크포스트팀(TFT)이 되어달라는 것. 해외 쇼까지 연간 20억 원 정도의 매출이 보장된 매혹적인 제안이었다. 당시 우리 회사 한 해 매출은 15억도 채 되지 않은 시기였던지라 달콤한 유혹이 아닐 수 없었다. 그렇지만 우리의 대답은 심플하고 정중한 거절이었다.

2000년 창업해서 맨땅에 한 땀 한 땀 일군 소중한 거래처, 그 고객들에게 큰 회사 일을 맡았으니 더는 함께 할 수 없다고 말 하고 싶지 않았다. 그리고 또 한 가지는 주변의 이런 업무 플로우를 가진 회사들을 종종 보아왔는데, 그저 몇 해 대기업 일을 한다는 자부심은 있을지언정 이내 파트너가 바뀌면 처음부터 고객을 일궈야 하는 어려움에 처한 곳들을 보아왔기 때문이다.

이유는 또 있다. 전자 회사 한 곳만 집중하다 보면 다양한 산업군을 경험하지 못한다. 컨벤션 산업은 무역의 전진기지로써 우리나라의 수많은 산업을 총망라한다. 컨벤션 분야는 모든 산업을 다 경험할 수 있는 매력적인 시장이다.

또 하나의 명분이 있다면 나는 사육당하는 독수리가 되고 싶지 않았다. 자유롭게 창공을 날아 먹잇감을 포착하고 때로는 포식도 하겠거니와 때로는 굶더라도 자유롭게 하늘을 나는 독수리가 되고 싶었다. 예술가적 기질인가, 누가 하라는 것은 정말 싫고 알아서 하라면 자신 있는 성격 탓이기도 하다.

결국 이 일을 계기로 나는 돈이 아닌 경험을 선택함으로써 내 인생의 터닝 포인트가 되었다. 큰 고기를 놓친 것 같지만 이후로 만난 고객사들은 나를 최고의 연봉자로, 때론 해외시장으로, 때론 컨테스트에서 1등의 자리에 올려주며 매번 새로운 기록을 세우게 해주었다.

결국 나를 프로가 되게 한 것은 다양한 경험치의 누적이다.

04. 고객에게 투자한다

나는 대부분의 고객에게 내가 먼저 투자한다. 어쨌든 결과적으로 고객이 더 많은 수혜를 받았다고 인식돼야 다음도 기약할 수 있는 법이다.

나는 나의 재능을, 물량을, 서비스를 어떻게든 더 많이 제공하려 애쓴다. 이게 나의 투자 방식이다. '고객이 생각지 못한 것, 전혀 기대하지 않은 것, 약속한 적 없는 결과물'을 우러나는 마음으로 제공한다.

스타벅스의 폐 스트로우로 세이렌 로고를 제작해서 감동을 준 작업이 그랬고, 이마트의 장바구니를 구현하기 위해 수놓은 한 땀 한 땀의 스티치가 그랬다. 어떤 고객이 섬세한 연출을 위해 아이스크림 바를 공수할 것이라고 기대나 했겠는가. 고객은 이 사소한 것에 '언빌리버블'을 외치며 자신의 파트너들에게 깨알같이 자랑하기 시작한다. 당신도 그 희열을 느껴보시길.

투자는 돈으로만 하는 게 아니다. 되도록 가치로 환산할 수 없는 것을 제공한다. 돈으로 살 수 없고, 돈으로 환산하기엔 너무도 많은 정성이 들어간 것이면 최고다.

연말에 어린이 영어유치원 공사를 마쳤다. 오픈일이 다가오자 화환을 비롯해 다양한 화분들이 트럭을 타고 속속 도착했다. 그러나 나는 럭셔리한 학원의 콘셉트에 맞는 트리 제작을 기획했다. 직접 나무를 고르고, 멋진 오너먼트를 골라 유치원 주차장에서 장식해 완성했다. 그리고 카트에 실어 직접 배달을 했다. 축하 화환들 사이로 반짝반짝 빛나는 골드 트리는 특별한 나의 마음을 전하기에 충분했다.

10만 원 정도면 전화 한 통으로 화분을 쉽게 배송시킬 수 있다. 그러나 트리는 50만 원은 족히 든다. 이럴 땐 돈이 문제가 아니다. 왜 그렇게 하느냐고 나의 오지랖을 나무라는 이가 있다면 이제는 그 이유를 알리라.

고객은 시즌에 맞춰 트리를 장만하고 싶었으나 오픈 준비로 부담스러웠다고 한다. 나는 비용부담만을 덜어준 게 아니라 그들의 발품과 시간을 세이브시켰고 덤으로 감동을 주었다. 이게 진짜 투자다. 고객의 필요를 알아차리고 대신하는 것. 그 가치는 단지 트리 가격만으로 환산할 수 없는 정성과 마음이 따르기에 감동은 배가 된다.

투자 방식은 고객마다 다 다르다. 나는 고객이 오픈할 때 업장에서 제일 먼저 매출을 올리는 유일한 사람이 돼 주었다. 개시를 한다는 것은 출시되는 상품에 가장 큰 관심을 가진다는 의미이기도 하다. 단순한 마수걸이 매출로의 효과가 아니다. 나는 고객 제품의 매니아가 되고 진정된 마음으로 첫 출시 날 첫 고객이 되어 주는 것이다. 그것도 되도록 푸짐히 그리고 통 크게.

이렇다 보니 기탄교육을 고객으로 두던 몇 해 동안은 집에 기탄교육 책이 책장을 가득 메우기도 했다. 시리즈별로 다 있으니 우리 집 책장을 본 사람들에게 혹시 기탄교육 직원이 아니냐는 질문을 수없이 들었고, 잉글리시 에그를 고객사로 뒀을 때는 상품이 런칭될 때마다 가장 먼저 구입해 홍보대사를 자청하다 보니 나를 잉글리시 에그의 직원인 줄 착각할 정도였다.

밤부베베 회사의 오픈 때에도 다들 바 없었는데, 개시는 기본, 고객의 전시관에선 스스로 직원이 되어 사소한 것부터 몸을 사리지 않고 참여했다. 스텝이 되어주고 관리자가 되어주고 문제를 해결하는 해결사가 되어주는 내 존재가 과히 작지 않아 이렇게들 말한다. 내가 있어 정말 든든하다고.

이런 얘길 하는 내게 대부분 사람들의 반응은 '자신은 줄 게 없다'라고 한다. 꼭 돈으로만, 능력으로만 투자하는 게 아니란 것을 이 기회에 알게 되길 바란다.

아이디어 정면승부

05. 오래가는 파트너의 비밀

오랜 기간 좋은 관계를 유지해온 클라이언트가 내게는 많다. 이 관계를 오래도록 유지하는데 일등공신이라고 할 수 있는 것은 바로 나의 파트너 '협력사'다.

늘 파트너사에 대한 고마움이 크다. 감사를 넘어선 든든한 자랑스러움을 느낀다. 다들 좋은 클라이언트를 만나서 좋겠다고 하는데 그 뒤에 더 좋은 파트너가 있었다고 자랑하고 싶다.

소위 고객과의 관계에서 갑,을 관계가 되는 것은 너무 싫어하면서, 혹시 협력사를 '하청업체' 취급하며서 은근히 갑의 위치를 고수한 적은 없는가.

갑은 카리스마도 좀 있어야 하고, 을과는 구분되는 뭔가가 있어야 한다고 생각하는가? 아니다. 이제 생각을 바꿔야 한다. 고객이 당신을 진정한 파트너로 인정하기를 바라듯이 당신도 당신의 파트너사를 존중하고 자랑스러워해야 서로 윈윈할 수 있다.

내게 파트너와 오래가는 비밀에 대해 묻는다면 1초의 주저함 없이 대답할 수 있다. 바로 내가 가이드라는 사실이다.

가이드 한 사람만 똑 부러져도 좋은 추억의 여행이 된다. 다시 여행할 기회가 된다면 이 가이드와 다시 동행하고 싶다거나 제3자를 추천해 주겠다고 할 만큼 만족감을 느꼈던 경험이 한 번쯤은 있을 것이다.

프로젝트도 여행과 같다. 가끔 어떤 연유로든 도중에 중단되는 일을 제외하곤 일단 프로젝트가 시작되면 어찌 됐건 여행을 마치기까지 '동행'해야만 한다.

나는 철저히 가이드가 되어 동행한다. 나는 순수예술가가 아니다. 때로는 디자이너가 선호하는 개인적인 성향을 주장하다 일을 그르치곤 하는데 가장 우선시해야 할 것은 고객의 목적에 맞지 않는 것은 당장 버려야 한다는 사실이다.

이 좋은 걸 왜 몰라보냐고 하소연하는 기획자는 아마도 두 가지 오류 중 하나를 저지르고 있을 가능성이 크다. 자신이 선호하는 스타일이 너무 고집스럽거나 혹은 정말 좋은 것은 맞지만 설득력이 부족했거나, 둘 중 하나일 가능성 말이다.

아이디어 정면승부

고객의 목적을 최우선으로 두는 것을 절대 잊어서는 안 된다. 때로는 고객을 대신해 고객 앞을 가로막는 거대 골리앗을 상대로 맞서 싸워서 고객을 승리로 이끌어야 하는 것도 가이드의 몫이다. 이게 내가 고객의 다른 파트너들과 다른 이유다.

가이드는 걸림돌을 치우는 길잡이고, 친절한 해설사이고, 안전에 소홀하지 않은 가드여야 한다. 고객이 나를 믿고 터널 안으로 발을 디뎠다면 터널 밖까지 안전하게 동행해야 한다. 고객은 나를 믿고 알 수 없는 터널에 입장한 것과 다름없기에 전문가인 내가 책임지고 가이드하는 것은 당연한 내 몫이다.

가끔 곁에 선 직원이 이런 것까지 해주느냐며 의아해하는 표정을 짓는다. 앞서 말한 마인드가 장착되지 않은 가이드는 내 배에 함께 탈 수 없다. 진리다.

유명해진 사람들을 보면 모든 것을 혼자 이룬 것 같은 모습을 보이기도 한다. 세상에는 혼자서는 절대 할 수 없는 일이 있다.

가장 일 순위로 달려와 주고, 자신의 공정이나 분야가 아니어도 한 손 거들어주고, 자기 일처럼 나서서 의견을 내고, 결과물에 흡족한 웃음으로 서로를 격려해 주는 협력사. 한 번도 '하청업체'라는 마음을 가져본 적이 없다. 그분들이 없으면 고객과의 약속을 지키지 못할 만큼 내게 협력사의 존재는 크다. 그래서 명절에 협력사를 챙기는 유일한 회사가 되기도 했다.

고객에게 인정받을 수 있도록 도움을 준 협력사들이 나는 참 자랑스럽다. 지금껏 쌓은 포트폴리오, 명성, 브랜드. 모두 협력사 분들 덕분이다. 그래서 오랜 파트너십이 많다. 협력사와는 20여 년을 함께 했고, 퀵서비스 사장님과도 12년을 지속했다. 덕분에 한마디만 해도 무슨 말인지 알아듣는 사이가 되었다.

그리고 나는, 고객을, 원하는 곳까지, 이끌, 가이드라는 사실을 잊지 않는다.

06. 아이디어를 사업으로 전환할 때 필요한 것

인생의 절반을 공간을 다루는 일로 보내온 나는 늘 변화를 위한 이런저런 구상을 하게 된다. 아이 방을 보며 문득 '아이 공간 사업' 아이디어가 떠올라 구상하던 중 11살 아들과 모처럼 함께 이야기를 나눌 기회가 생겼다. 불을 끈 덕분에 달빛에 훤해진 천장을 향해 두 팔을 휘저으며 설명하는 아들에게서 새로운 사업의 비전을 발견했다.

"아들! 엄마가 네 방을 좀 꾸며주고 싶은데 넌 어떻게 했으면 좋겠어?"

아들은 진심으로 진지하게 그리고 신이 나서 자기가 가지고 싶은 방을 설명했다.

"어, 우선 내 방에 보이는 모든 걸 다 치워주세요. 벽장 같은 데다가 다 집어넣어서 깨끗했으면 좋겠어요."

'아, 너 심플한 거 좋아하는 애였어?'

"그리고 이층침대를 지어주고요. 대신 바닥은 비우고 2층만. 아래쪽은 친구들 놀러 오면 방바닥에서 놀아야 하니까. 대신 매트 좀 깔아주세요. 아 참, 2층에 올라가는 사다리는 없어도 돼요. 왜 냐면 책상 밟고 올라갈 거니깐. 1층 한쪽을 책상으로 하면 딱 좋 아!"

막 그러길래 되물었다.

"바닥에 매트를 깔면 책상 의자가 끼어서 너무 불편할 것 같은 데?"

그럼 의자 대신 그네를 침대 프레임에 걸자고 했다. 이때 두 번 째 놀랐다. 아파트 천장엔 그네를 매달 수 없다는 걸 어떻게 알았 지? 의자 대신 그네라는 발상은 너무 대견했다. 한술 더 떠서 아빠 방과 자기 방을 바꿨으면 좋겠다고도 했다.

우리들의 집 구조상 보통은 아빠 서재가 우선권이 있다고 여기 고 그 영역까지는 침범하지 못하는 암묵적인 무언가가 있다. 아 들의 자존감은 무척이나 높았다. 이유는 그럴듯했고, 나는 납득이 됐다.

건축가 유현준 교수가 학교개선 프로젝트에 열정을 쏟아 말하 고 있는 것이 있는데 바로 환경에 대한 인식개선이다. 아이들이 12년을 보내는 학교는 전국 어디나 똑같다. 교문, 복도, 교실, 운 동장. 다른 것은 담장의 높낮이뿐이다.

검색창에 아이 방 인테리어를 검색하면 대부분 이케아 가구 일색이다. 인스턴트 가구. 획일적인 가구를 들이고서 아이들에게 창의적이길 요구하는 게 무리가 아닐까 하는 생각이 들었다. 어른들이 아이들을 위한다며 하는 일들이 정말로 아이를 위한 것이라고 확신할 수 있나? 꿈꾸는 아이, 창의적인 아이로 키우고 싶다면서 엄마가 선호하는 스타일로 잔뜩 꾸며놓고 스스로 만족해하고 있지는 않은가? 생각이 많아졌다.

유명 기업의 회장은 젊은 사업가들을 만나면 늘 "자네 요즘 관심사가 뭔가?"라고 묻는다고 한다. 이 간단한 질문을 던지고 주의 깊게 듣는 순간, 반짝이는 아이디어, 새로운 트랜드, 새 사업 아이템까지도 알게 되는 행운을 얻게 된다고 한다.

아이 방은 사용 주체인 아이를 위한 공간으로 바꾸는 것이 옳다. 보이지 않는 숨은 공간은 아이들이 상상 속에서 더 잘 찾아낸다. 그 숨은 공간 안에서 아이의 꿈이 자란다. 아이들이 원하는 것을 정확히 알려면 물어보고 들어주는 것이다.

아이에게 귀 기울이니 아이의 상상력이 폭발한다. 이야기의 끝에서 구상 중인 사업의 비전과 확신이 명료해지는 걸 느꼈다. 사업적으로 큰 영감을 얻었고 나는 현실로 실현시키기로 했다. 듣기 전에는 원하는 것을 모르고, 원하는 것이 실현되지 않는 아이디어는 묵은 것이다.

아이디어가 사업이 되는 과정에서 가장 필요한 것은 내가 원하는 것을 모두 지우고, 사용자가 하는 말을 주의깊게 공감하며 듣는 것이다.

아이디어 **정면승부**

07. 가치로운 곳에 쓰는 재능이 진짜 가치롭다

만약 인테리어를 통해 아이들의 꿈이 구체적으로 그려지고 먼 훗날 자연스럽게 그 아이만의 퍼스널 브랜드가 완성된다면 어떨까?

웬만한 분야의 공간을 거의 다루어 보고 나니, 나는 가진 재능을 보다 가치로운 곳에 사용하고 싶었다. 재능과 달란트가 있다. 재능은 내가 잘 먹고 잘살 수 있는 도구 정도로 볼 수 있고, 남을 위해 가치 있게 쓸 수 있는 것이 바로 달란트다. 내가 아는 재능과 달란트의 정의는 이 정도쯤으로 차이가 난다. 이 미묘한 단어의 차이가 이해되는지 궁금하다.

내가 가진 재능이 달란트로 변화했으면 좋겠다. 그래서 시작한 것이 〈아이야, 어서 와!〉라는 아이공간개선 프로젝트다.

첫 번째 대상자인 지민이의 방을 꾸미는 것으로 시작됐다. 아이의 사소한 바람들까지 모두 공간에 녹여내는데 중점을 두었다. 방으로 들어가는 입구에 그림 그리기를 좋아하는 아이를 위해 그동안 그렸던 그림들, 앞으로 그릴 그림들을 넣어 걸 수 있는 액자를 걸었다. 아이만의 생각과 취향이 담긴 아카이브가 될 공간으로 만든 것이다.

문을 열자마자 보이는 벽면에 전신거울을 배치했다. 문을 열어놓으면 거울을 통해 지민이와 엄마가 무엇을 하고 있는지 볼 수 있고 소통할 수 있는 아이템이다.

침실은 아이가 좋아하는 색으로 꾸몄고 암벽등반과 철봉 등 다양한 활동을 위한 기구도 설치했다. 높이 조절이 가능한 책상, 한눈에 어떤 책이 있는지 알아볼 수 있도록 디자인한 책장에 천정을 빙두른 선반엔 아이가 만든 레고 작품들을 올려두게 했다.

부모가 아니라 아이와의 상담에 더 중점을 두었고 디자인 작업에도 참여시켰다. 자신의 요구를 떠올리고 표현했다는 점은 아이에게 매우 소중한 경험이 되었을 것이다.

아이의 퍼스널리티가 고스란히 담긴 자기 방을 통해 전보다 더 그림을 좋아하고, 책 읽는 걸 좋아하는 아이로 성장하기를 바라며. 방을 완성해가는 과정을 통해 아이의 창의력과 개성이 표출되는 계기가 되길 바란다. 시공 이후로 지금까지 지민이는 건축가의 꿈을 지속하고 있다.

아이의 꿈을 응원하며 지민이의 가족은 틈틈이 건축여행을 다닌다고 한다. 공간이 인생을 바꾼다는 말을 여실히 보여주는 사례다.

아이디어 정면승부

온전한 자신이 될 수 있는 공간은 그 누구에게나 필요하다. 자신이 누구인지 명확해지는 공간, 자신만의 퍼스널 브랜드를 만들어갈 수 있는 공간 말이다.

아이는 자신이 만든 자기 방을 자랑스러워 한다. 자랑스럽게 친구들을 초대하고, 여기저기 숨은 공간들을 설명하며 행복해한다. 아이의 생각을 존중해서 들어 주고 실현시켜 준 부모는 아이에게 무한한 신뢰와 존경을 받는다.

내가 가진 재능이 달란트로 변해 가는 것을 경험한다. 나의 달란트가 조금씩 더 가치로워지기를 바라며 <아이야, 어서 와!>프로젝트는 계속되고 있다.

08. 천직은 천천히 만들어진다

공간기획자로서 22년간 전시컨벤션 분야에서 전시관을 통해 고객의 아이덴티티를 목적에 맞게 포지셔닝하는 작업을 해왔다. 정말 다양한 분야를 다루어왔는데, 이제는 나의 재능을 조금 더 가치 있게 쓰고 싶어졌다. 그래서 나는 지금 경력 환승 중이다.

기업의 정체성을 공간을 통해 알리는 작업은 무척 가치 있는 일이다. 하지만 가치의 기준은 저마다 조금씩 다르기도 하다. 이 생각과 가치의 기준을 다시 세우게 된 것은 베이비-유아산업 분야의 경험과 이 분야의 현실 때문이다.

태어나는 순간부터 모든 것이 아이에게 집중되어 있으면서도 실상 그 수혜를 아이들이나 부모가 받는 것이 아니라는 것을 알게 됐다. 좋은 용품, 비싼 학원비를 들여도 아이들은 여전히 수십 년 전이나 지금이나 전혀 나아지지 않은 환경에서 12년을 머문다는 사실은 바뀌지 않는다. 부모가 경험한 환경과 별반 다르지 않다.

만약 아이가 머무르는 환경개선을 통해 '아이의 라이프 스타일

아이디어 정면승부

이 바뀐다면 아이의 미래도 달라지지 않을까'라는 생각이 들었다. 사교육보다 아이의 공간을 개선해 준다면 분명 유의미한 결과를 낼 것이라는 확신이 들었다. 그래서 아이 공간 개선 프로젝트 〈아이야 어서 와〉 브랜드를 런칭했다. 더불어 엄마가 건강하면 아이도 건강하고 가정도 바로 서겠다는 생각으로 엄마들의 지식 성장 놀이터인 〈엄마의 놀이터〉를 런칭했다. 아이들의 키즈카페처럼 엄마들에게도 놀이터가 필요하다는 생각에서다.

새로운 사명으로 아이들과 엄마를 위한 공간을 만들기로 결정했지만 아무도 나를 알아주지 않는 색다른 경험을 하게 됐다. 컨벤션 분야에서는 나를 모르면 간첩이라고 할 만큼 알아보는 이가 있었지만 아이 공간을 개선하고, 엄마들의 지식 성장을 돕는 나를 세상은 모르고 있었다.

그래서 시작한 것이 기록이라는 도구로 세상에 나를 증명하는 일이었다. 매주 같은 시각에 내가 이런 일을 했다고 34주 동안 꾸준히 기록을 쌓았다. 온라인에 공간기획자로서의 나를 증명하기 시작했고, 17주 정도 되니까 검색 AI가 이 분야의 전문가라고 인정해주기 시작했다. 분명히 연결된 동일 선상의 직업을 가지고도 오프라인의 나와 온라인의 나는 달랐다. 검색 AI가 분류하는 카테고리 어느 곳에도 존재가 없다가 경력 환승을 위해 올린 콘텐츠를 통해 온라인의 내가 존재하게 되었다.

<아이야 어서 와>라는 브랜드로 첫 고객의 방과 <이마트 키즈 라이브러리>라는 전국의 소외된 지역에 기부형태로 지어지는 어린이 도서관을 기획했고, 고등학교 학생들을 위한 학습카페를 기획하고 바꾸는 일을 마쳤다. <엄마의 자리> 브랜드로는 소파 또는 식탁이 전부고 자신만의 공간이 없어 카페로 전전긍긍하는 엄마들을 위한 공간 찾아주기 프로젝트인 한 평 카페도 진행했다. 공간은 라이프스타일을 바꾸고 삶을 바꾸기 때문이라는 내 지론을 펼치는 일이다.

　같은 공간을 다루는 일이지만 온라인상의 평판이 더해지자 내가 가진 이전의 포트폴리오와 연결 지어져 더욱 빛이 나는 결과를 얻을 수 있었다.

　'공간기획의 달인'이라는 칭호를 가진 나를 '아이와 엄마의 공간기획자'로, '기업과 파트너'들만 알고 있던 나를 온라인의 모든 사람이 아는 '공간 콘텐츠 기획자'로 만드는 경력을 이어나가는 중이다. 이렇게 나를 증명해나가고 있다.

　만약 지금 하는 일 말고 다음에 하고 싶은 일을 고를 수 있다면 어떤 일을 하고 싶은가? 전혀 다른 것을 찾아 새롭게 시작할 수도 있을 것이다. 그렇게 만나는 일이 흔히 말하는 천직이 될 수도 있으니까. 전문성을 갖추고 한 길을 따라가면 원하는 목적지에 반드시 도착할 수 있다.

나는 다음에 하고 싶은 일도 내 천직인 공간기획자로 골랐다. 어제 없이 오늘이 없고 오늘 없는 내일은 없다. 다음에 하고 싶은 일은 오늘과 연결된 미래라고 생각하기 때문이다. 전에 하던 일과 하고 싶은 일은 같지만, 다르다. 이렇게 이어져 끝까지 가는 것이 바로 천직이라고 생각한다. 그리고 천직은 아주 천천히 만들어진다. 나는 지금 보이는 공간기획자이자 마음 공간까지도 챙기는 진짜 공간기획자가 되어가는 중이다.

'경희로운' 발상으로 '경희's 뭔들'이 되기까지

하마터면 열심히 살 뻔했다는 베스트셀러가 있다. 나도 하마터면 이 책의 에필로그에 주목받는 아이디어는 어쩌고 하는 멋진 말을 쓸 뻔했다.

그러나 그러지 않은 이유는 나답지 않았기 때문이다. 사실 멋지게 쓸 자신도 없었다. 나는 늘 쉬운 말로 설명했고, 이해하기 쉬운 그림으로 제시했으며 설명이 필요없는 직감적인 공간을 제안해 왔기에 에필로그야말로 학구적이거나 고상한 말로 치장할 것 없이 나 다우면 된다고 생각했다.

지금까지 포트폴리오를 통해 많은 설명을 하고 지나온 길을 돌이켜보니 딱 '경희로운' 발상이다. '경희롭다'는 표현은 포토테라피스트 백승휴 작가님에 의해 발견된 또 하나의 나다. 내 이름이 경희라는 것이 반갑고 감사한 순간이다. 47년을 경희라는 이름으로 살면서도 발견하지 못한 경희로움을 발견해 준 백승휴 작가님께 특별한 감사를 전하고 싶다.

경희로운 발상으로 살아 온 내게 '경희's 뭔들'이라는 이름을 얹어준 이도 있다. 사이책방의 변대원 대표다. 맞다. 꽃을 꽃이라고 불러줄 때 꽃이 되었듯이 내가 어떤 이름으로 불려짐으로 인해 진짜 나를 발견하게 되었다.

결국 이게 나다.

마인드를 다루며 자신이 가진 가치를 서비스할 수 있는지를 점검하였고, 그런 마인드로 실제로 해낸 결과물들을 사례로 들었다. 누군가는 통장에 돈만 꽂히면 움직인다던데 나의 포트폴리오 중 그 어느 것 하나도 상대를 배려하지 않은 것이 없다. 가치를 내어 줄 대상이 없는 프로젝트는 시작도 할 수 없다는 이야기다.

한 가지 더 내가 추구하는 것은 시간이 지나도 변하지 않는 가치이다. 스마트폰, 인테리어, 아파트… 대부분의 것들이 진화한다. 예전 것을 보면 올드한 느낌이 든다. 어쩌면 당연한 사실이다.

인스턴트처럼 짧은 수명을 산 지난 이십 년 전 포트폴리오를 다시 꺼내 보아도 지금 보다 더 진화된, 다시는 흉내 내기 어려운 정도의 가치가 담긴 것을 발견하곤 한다. '그때 어떻게 이런 작업을 했지?' 지금 다시 재현해도 트랜드에 뒤지지 않는 것이 바로 내가 추구하는 가치다.

세상은 '지금' 현재에 집중하고 있고 어떤 가전회사도 옛날 버전으로 돌아가려 하지 않지만 나는 과거 어떤 작업을 소환하여도 손색없는 것을 추구한다.

지금보다 더 젊고 스마트했던 이경희가 이룬 것이었기에 당당히 지금도 뒤처지지 않은 것 아닐까? 되려 내공과 연륜이라는 양념 없이도 철저하게 검증하고 자신있게 부딪히며 만들어 온 작업들이기에 더 가치있게 느껴진다.

여전히 나는 먼 훗날에 평가해도 가치로울 작업들을 남기려 현역을 자처한다. 사장될 뻔한 나의 업력을 노하우로 풀어내도록 설득하고 글을 쓰도록 독려해준 나의 30년 지기 친구 김진숙에게 고마움을 전하며 지금껏 수많은 포트폴리오가 만들어진 것은 나의 능력이 아닌 하나님이 부어주신 달란트였음을 고백하며 모든 현장에서 안전하게 지켜주신 하나님께 이 모든 영광을 올려드린다.

'경희's 뮌들' 경희로운
이경희

아이디어 정면승부